汽修入门书系

汽车美容技师快速入门30天

陈远吉 ◎ 主编

本书详细介绍了汽车美容的基本知识，并侧重于实际应用和操作。本书主要内容包括跟您聊聊汽车美容这点事、熟悉汽车美容用品、认识这些美容工具和设备、合格的汽车美容师必须掌握漆面美容与修复技术、内饰美容一定要熟悉、汽车的外装饰也很重要、汽车防护系统的选购与改装知识一定要了解、如何对汽车发动机进行护理以及车内空气如何净化，共九章。

本书图文结合，具有较强的实用性和可操作性，既可作为汽车服务工程专业的专业教材，也可作为从事汽车装饰与车身修复工作的技术人员的参考用书。

图书在版编目（CIP）数据

汽车美容技师快速入门30天/陈远吉主编. —北京：机械工业出版社，2014.6（2022.3重印）
　ISBN 978-7-111-46726-7

Ⅰ.①汽… Ⅱ.①陈… Ⅲ.①汽车-车辆保养-基本知识 Ⅳ.①U472

中国版本图书馆 CIP 数据核字（2014）第 099459 号

机械工业出版社（北京市百万庄大街22号　邮政编码100037）
策划编辑：连景岩　责任编辑：连景岩　於　薇
版式设计：赵颖喆　封面设计：鞠　杨
责任校对：张　力　责任印制：单爱军
北京虎彩文化传播有限公司印刷
2022年3月第1版第10次印刷
184mm×260mm・9.25 印张・239 千字
14001—15000 册
标准书号：ISBN 978-7-111-46726-7
定价：46.80元

电话服务　　　　　　　　　网络服务
客服电话：010-88361066　　机　工　官　网：www.cmpbook.com
　　　　　010-88379833　　机　工　官　博：weibo.com/cmp1952
　　　　　010-68326294　　金　　书　　网：www.golden-book.com
封底无防伪标均为盗版　　　机工教育服务网：www.cmpedu.com

前　言

伴随着我国汽车产业的迅猛发展，私家车的普及率和持有量也越来越高，随之而来的是国内对汽车专业技术人才的需求量也在不断增加，汽车美容师的缺口也呈明显扩大趋势。"三分修、七分养"成为广大车主的共识。因此，汽车美容行业日益成为国内发展空间巨大的"朝阳行业"，越来越多的人想成为一名汽车美容师。

然而，怎样才能成为一名一流的汽车美容师呢？笔者认为，作为一名优秀的汽车美容师，首先应该保证做到以下几点：

1. 深爱汽车美容工作，以汽车美容工作为乐趣，以认真做好每辆车的美容护理为己任。
2. 能够"最有时效性"地完成每一次车辆美容作业。
3. 掌握正确的操作规程和规范的操作要领。
4. 经常学习一些理论知识，不断用新的知识来武装自己。

为帮助广大汽车美容从业人员快速掌握汽车美容实践技能、提高汽车美容操作本领，我们特编写了此书。

本书结合笔者多年来指导汽车美容技工的实践经验，介绍了汽车美容作业过程中经常遇到的一些重点、难点和容易被美容师们疏忽的问题。全书内容浅显易懂、图文并茂、注重实践。

本书注重将专业理论和实务操作相结合，重在提高学员的实战能力、缩短理论教学与实际应用之间的距离，具有极强的可操作性和鲜明的时代性。

通过对本书的学习可以达到如下目标：掌握汽车美容、装饰的基本原理；掌握汽车美容、装饰的工艺流程、操作方法和工具设备的使用方法；熟练进行汽车美容装饰作业，完成汽车美容、装饰工艺流程设计；掌握汽车美容、装饰和旧机动车翻新的专业技术。

在本书编写过程中，得到了北京市昌平区回龙观别克车行专修维护店相关人员的大力支持，在此表示感谢。参加本书编写的还有刘丽颖、李新、李春秋、宁平、胡汇芹、陈桂香、李娜。

由于本书编者的水平有限以及汽车美容知识的不断更新，书中难免有不足之处，敬请广大读者和专业人士批评指正。

编　者

目 录

前言
第一章 跟您聊聊汽车美容这点事 1
  第 1 天 了解汽车美容的前世、今生与来世 1
    一、什么是汽车美容 1
    二、汽车美容的发展趋势 2
  第 2 天 汽车美容有哪些服务项目 3
    一、这些类型的汽车美容你了解吗 3
    二、汽车美容有哪些主要项目 4
第二章 熟悉汽车美容用品 9
  第 3 天 你必须了解的汽车清洗系列用品 9
    一、如何选用合适的清洗剂 9
    二、清洗剂有哪些有效成分 9
    三、清洗剂的除垢过程是怎样的 11
    四、清洗剂在洗车过程中扮演什么角色 11
    五、你知道清洗剂有很多种吗 12
  第 4 天 汽车漆面护理用品有哪些 17
    一、车蜡用品——汽车的"防晒霜" 17
    二、防雾剂——让驾驶视野更明亮 19
    三、清洁香波——汽车的"洗面奶" 19
    四、防冻液——冬天开车不用愁 20
    五、汽车玻璃水——风窗灰尘一扫光 20
  第 5 天 告诉你一些汽车常用外饰材料 21
    一、了解喷涂装饰用材料 21
    二、了解橡胶装饰材料 22
  第 6 天 汽车常用内饰材料有哪些 22
    一、布饰面料 22
    二、皮革面料 23
    三、常用胶黏剂有哪些 24
  第 7 天 怎样选择汽车修补漆 25
    一、你了解汽车的底漆吗 25
    二、了解一下中间涂料吧 26
    三、面漆原来是这样的 26
    四、如何选择汽车修补漆 27

第三章　认识这些美容工具和设备 28

第 8 天　你知道汽车美容常用工具与设备有哪些吗 28
一、汽车美容技师一定要会用的清洁工具 28
二、汽车美容技师一定要会用的除锈工具 30
三、必须使用的刮涂工具 31
四、必须使用的涂刷工具 32
五、不可或缺的打磨工具 33
六、洗车工具就是这么简单 34
七、清洗设备不见得有那么复杂 35

第 9 天　一定要会用汽车修补涂装设备 38
一、喷漆室原来是这样的 38
二、空气压缩机不难用 39
三、干燥设备如此简单 40
四、辅助工具作用大 41
五、使用喷枪时要注意 41

第四章　合格的汽车美容师必须掌握漆面美容与修复技术 43

第 10 天　学会洗车是第一要务 43
一、准备洗车用具 43
二、如何连接水枪 44
三、如何清洗车身 45
四、洗车有哪些技巧 46

第 11 天　打好学习漆面美容的基础 47
一、汽车漆面美容主要学哪些内容 47
二、漆面美容有什么好处 48
三、神奇的条痕消除方法 49

第 12 天　这样才能学会漆面美容修复技术 50
一、教你漆面失光的处理方法 50
二、教你漆面划痕的处理方法 53
三、教你汽车面漆的镜面处理方法 53
四、学习处理汽车旧漆面的"皮肤病" 54

第 13 天　紧盯汽车打蜡技术的要领及注意事项 57
一、选对车蜡必须遵循的原则 57
二、打蜡就该这么做 58
三、打蜡也要很小心 60

第 14 天　你一定要掌握汽车封釉的技术 61
一、封釉的作用 61
二、封釉的步骤 62
三、封釉注意事项 63

第五章　内饰美容一定要熟悉 65

第 15 天　汽车内饰的清洗 65
一、为什么要进行内饰清洗 65

二、内饰清洗很必要 ·· 66
　　三、内饰的清洗是这样进行的 ·· 67
　第16天　内饰件常见顽固污迹的清除 ··· 74
　　一、汽车内饰清洁方法 ·· 74
　　二、汽车内饰清洗的注意事项 ·· 75

第六章　汽车的外装饰也很重要 ··· 77
　第17天　给汽车加装大包围 ·· 77
　　一、车身大包围有什么作用 ·· 77
　　二、车身大包围装饰有哪些特点 ·· 77
　　三、如何选择大包围装饰件 ·· 79
　　四、大包围这样安装才正确 ·· 79
　　五、安装大包围装饰时的注意事项 ··· 81
　第18天　汽车天窗 ·· 81
　　一、天窗的优点 ··· 82
　　二、天窗的分类 ··· 83
　　三、天窗的保养与使用 ·· 83
　第19天　汽车风窗玻璃的粘接安装 ·· 85
　　一、准备工作 ·· 85
　　二、粘接过程 ·· 86
　第20天　轮胎养护美容 ·· 88
　　一、轮胎养护的必要性 ·· 88
　　二、轮胎的养护美容 ··· 88
　　三、轮胎的日常使用保养 ··· 89
　　四、要会用汽车举升机 ·· 91

第七章　汽车防护系统的选购与改装知识一定要了解 ························ 92
　第21天　汽车太阳膜 ··· 92
　　一、汽车太阳膜定义 ··· 92
　　二、防爆太阳膜的作用 ·· 92
　　三、太阳膜的安装技巧 ·· 93
　　四、对太阳膜质量的鉴别 ··· 96
　第22天　汽车防盗装置 ·· 96
　　一、汽车防盗器的定义 ·· 96
　　二、汽车防盗器的类型和特点 ··· 97
　　三、安装方法 ·· 98
　　四、注意事项 ·· 101
　第23天　汽车倒车雷达 ··· 102
　　一、倒车雷达的作用 ·· 102
　　二、倒车雷达的工作原理 ·· 103
　　三、倒车雷达的选购 ·· 103
　　四、倒车雷达的安装 ·· 104
　第24天　加装汽车天窗 ··· 107

一、汽车天窗的安装要求……………………………………………………………… 107
　二、加装天窗的注意事项……………………………………………………………… 109
　三、关于加装天窗的疑问……………………………………………………………… 110
第25天　教你快速改装氙气前照灯 …………………………………………………… 111
　一、氙气灯的特点……………………………………………………………………… 111
　二、氙气灯的选购……………………………………………………………………… 112
　三、一步一步看氙气灯的改装方法…………………………………………………… 112
第26天　汽车的隔音降噪 ……………………………………………………………… 115
　一、噪声的危害………………………………………………………………………… 115
　二、噪声是如何产生的………………………………………………………………… 116
　三、汽车隔音的功效…………………………………………………………………… 116
　四、汽车隔音材料的选择……………………………………………………………… 116
　五、如何做好汽车隔音改装…………………………………………………………… 116
　六、隔音的误区………………………………………………………………………… 120
　七、汽车隔音改装的注意事项………………………………………………………… 120

第八章　如何对汽车发动机进行护理 ……………………………………………… 121

第27天　燃油供给系统的免拆清洗护理 ……………………………………………… 121
　一、燃油供给系统的免拆清洗护理所用清洗产品的作用与使用方法……………… 121
　二、清洗方法…………………………………………………………………………… 122
第28天　冷却系统的免拆清洗护理 …………………………………………………… 125
　一、冷却系统护理用品的种类………………………………………………………… 125
　二、冷却系统免拆清洗机……………………………………………………………… 126
　三、散热器"开锅"的预防和紧急处理……………………………………………… 127
　四、冷却系统的止漏…………………………………………………………………… 127
　五、冷却系统的保护…………………………………………………………………… 127
第29天　润滑系统的免拆清洗护理 …………………………………………………… 128
　一、机油的检查………………………………………………………………………… 128
　二、机油的定期更换…………………………………………………………………… 129
　三、发动机润滑系统清洗……………………………………………………………… 132

第九章　车内空气如何净化 ………………………………………………………… 133

第30天　车内污染的来源、危害与消毒 ……………………………………………… 133
　一、车内污染的种类…………………………………………………………………… 133
　二、车内主要污染物的危害…………………………………………………………… 134
　三、臭氧消毒的步骤与方法…………………………………………………………… 134
　四、车室负离子消毒…………………………………………………………………… 135
　五、车室光触媒消毒…………………………………………………………………… 136
　六、车室高温蒸汽消毒………………………………………………………………… 137

参考文献 ………………………………………………………………………………… 140

第一章
跟您聊聊汽车美容这点事

第1天　了解汽车美容的前世、今生与来世

学习目标

1. 了解什么是汽车美容
2. 了解汽车美容的优势
3. 了解汽车美容与传统洗车的区别
4. 了解汽车美容的发展趋势

一、什么是汽车美容

"汽车美容"在西方国家被称为"汽车保养护理",它已成为普及性的、专业化很强的服务行业。它是一种全新的汽车养护概念,与一般的洗车、打蜡有着本质上的区别。汽车美容使用专业、优质的养护产品,针对汽车的各部位进行有针对性的保养、美容和翻新。

1. 概念

汽车美容是汽车生产、销售、维修之外的"第四行业"。所谓汽车美容是指针对汽车各部位不同材质所需的保养条件,采用不同性质的汽车美容护理用品及施工工艺,对汽车进行全新的保养护理。这些美容护理用品是采用高科技手段及优等化工原料制成的,它不仅能使汽车焕然一新,还能让旧汽车全面彻底翻新,并长久保持艳丽的色彩。

2. 汽车一般美容的危害

汽车的一般美容就是平常路边见到的一桶水或一把喷枪、一条毛巾、一两个人进行的"汽车美容",主要包括洗车、打蜡。这种方法能够将汽车表面上的污垢、灰尘洗去,也能够在打蜡之后增加车身表面的光亮度,起到粗浅的"美容"作用。

但一般美容往往会造成以下不良后果:一是清洗不彻底,出现细微的划痕;二是水洗后擦拭不彻底,使车身的一些部位留有水渍,阳光一照,水分蒸发,会留下水痕,影响车身的表面光泽;三是车身的门缝、窗边等凹槽处无法被擦干,一经阳光照射,形成水汽,会加重对漆膜和凹槽等处的腐蚀作用,加速车身的损坏;四是漆膜还可能会被划伤。所以,应避免对汽车进行一般美容。

3. 专业汽车美容与传统意义上的洗车之间的区别

（1）要求达到的效果不同。传统意义上的洗车只是将车身上的泥土、灰尘等污物清理干净，保持车身洁净即可；而专业的汽车美容不但要保持车身的洁净，而且更突出保养的理念。现代的汽车美容甚至已经涉及发动机内外养护、底盘部分养护及汽车电器部分养护等，通过专业的美容养护使汽车保持良好的性能，做到常用常新。

（2）要求的工作场所和环境不同。传统意义上的洗车在哪里都可以，甚至可以没有固定的工作场所。马路边、停车场及居民区都是他们的操作间，"打一枪换一个地方"。它们造成的后果是：污水横流、影响环境、妨碍交通、影响城市形象。专业的汽车美容店有干净整洁的操作间以及合理规范的操作工艺，从接车到交车都有严格的程序，在那里进行汽车美容是一种生活的享受。

（3）使用的材料和设备不同。传统的洗车操作基本上没有什么清洗设备，清洗材料也是能省就省，比如用洗衣粉充当洗车液，所用的水源也不符合要求。而专业的汽车美容有各种专业的美容设备和材料，并且所有的用品都是安全、环保的，不会危害人体健康或对环境产生污染。只有针对不同的车身材质使用专用养护用品对车辆进行全方位的美容护理，才能真正达到对车辆进行美容护理的目的。

4. 对操作者的素质要求不同

传统洗车行业的从业人员普遍素质不高，没有接受过任何汽车美容的相关培训，甚至对汽车方面的知识也了解甚少。专业汽车美容要求从业者要有一定的学历，要经过严格正规的培训，要懂得如何大方得体地待人接物，要了解最新产品的性能和使用方法，还要热爱汽车美容行业，能够为促进汽车美容行业的健康发展作出贡献。

目前，我国专业的汽车美容正逐渐得到人们的认可，专业的汽车美容店也正遍地开花。汽车美容行业的发展方兴未艾，需要大量具有专业知识和技能的从业人员。但是现在的实际情况是，专业的美容技术人员明显不足，而且技术水平也良莠不齐，人才的不足已经成为限制行业发展的瓶颈。我国的汽车美容业的健康发展，需要热爱此行业的人们共同努力！

二、汽车美容的发展趋势

随着汽车工业的发展，20世纪30年代初，汽车美容养护在英、美等发达国家开始起步。第二次世界大战后，经济的复苏推动了汽车美容养护业的日益壮大。70年代的世界石油危机过后，这一行业得到迅猛发展，市场范围进一步扩大到了中等发达国家。80年代，美国汽车维修市场开始萎缩，修理厂锐减31.5万家，而专业汽车美容养护中心却出现了爆炸性的增长，以每年近3万家的速度递增。根据欧美国家的统计，在一个完全成熟的国际化汽车市场中，汽车的制造以及销售利润在整个汽车业的利润构成中仅约占20%，零部件供应的利润约占20%，而约50%~60%的利润则全部是从汽车后市场服务业中产生的。目前，美国汽车美容养护店的比例占汽车维修行业的80%。1994年，美国汽车美容养护行业的产值为1170亿美元，1999年高达2647亿美元，年均增长18%。2002年，全球汽车美容养护业的产值约1万亿美元，其中美国占3500亿美元以上。美国汽车服务业的营业额已经超过了汽车整车的销售额。

我国的汽车美容业起步相对较晚，到20世纪90年代初才出现，当时的汽车美容也只不过是洗洗刷刷、涂涂抹抹而已，服务项目、内容、工艺、质量及标准等都很不规范。进入90年代中期，伴随着我国经济的崛起，我国的汽车工业得以快速发展，特别是私家车的保有量不断增加；同时，随着汽车文化的日益深入，汽车维修业及与之相配套的服务性行业也迅速发展，汽车美容业就是其中较为热门的行业。目前，汽车美容在我国已被越来越多的人所接受，并成为了一种时尚。人们更加呵护自己的汽车，"七分修三分养"的维修理念已经逐渐被人们抛弃，"七分养三分修"

的养护理念已经被落实到了一种实实在在的消费行为上。与此同时，国外一些知名的汽车美容公司也纷纷登场，在全国范围内办起了连锁店，各种品牌的汽车美容用品店也如雨后春笋般地出现，并造就了一支汽车美容大军，从业人数逐年增加，呈现出一片繁荣景象。2009年的一份调查显示，全国汽车服务行业（只包含美容、养护、装饰及其他非维修类服务）的产值近400亿元。

然而，和其他汽车消费发达的国家相比，我国汽车服务行业的介入程度还不到50%。有关数据显示，平均每辆汽车每年的装潢美容费用至少为1550元，但目前国内专营和兼营汽车美容服务的在册企业尚不到1万家。由此可见，汽车美容业作为一种新兴产业正在崛起，而且必将成为21世纪的黄金产业和朝阳产业。

你学会了吗？

1. 汽车美容的概念是什么？
2. 汽车一般美容的危害有哪些？
3. 汽车美容与传统洗车的区别有哪些？
4. 汽车美容的发展趋势如何？

第2天　汽车美容有哪些服务项目

学习目标

1. 掌握汽车美容的分类
2. 了解汽车美容的主要项目
3. 了解汽车美容的其他项目

一、这些类型的汽车美容你了解吗

根据对汽车的实际美容程度，**目前一般将汽车美容分为一般美容、汽车修复美容和专业汽车美容三种类型。**

1. **一般美容**

一般美容就是人们从传统意义上认为的汽车美容——洗车、打蜡。这种方法就是常见的路边拎着水桶、挥舞毛巾进行的擦车、打蜡的作业，经常采用洗衣粉、洗洁精等非专业清洁产品。此类产品的pH值一般在10.3~10.9之间，但汽车漆面对酸、碱的承受力为pH值在8.0以下。一般美容的结果往往是清洗不彻底，还会把漆膜划伤，使车身出现细微的划痕；水洗后若擦拭不彻底，在有的部位留有水渍，会影响车身表面的光泽；在车身的门缝、窗边等凹槽处，如无法擦干，阳光照射后就会出现水汽，加重对漆膜和凹槽等处的腐蚀作用，使车身受损。所以，应避免采用这种原始、简单的方法对汽车进行"美容"。

车漆水痕

2. 汽车修复美容

汽车修复美容是指车身漆面或内室件表面出现某种缺陷后所进行的恢复性美容作业，其所针对的缺陷<u>主要有漆膜病态、漆面划痕、斑点及内室件表面破损等</u>，根据缺陷的范围和程度不同分别进行表面处理、局部修补、整车翻修及内室件修补、更换等美容作业。

车身上沾到油漆

遭动物排遗、虫尸、树汁侵蚀的车漆

汽车修复美容必须在比较正规的汽车美容中心进行，因为需要必要的设备和工具，而且维修人员必须具备一定的修复美容工艺技术才能满足修复美容的基本要求。这种美容主要针对车身的漆膜，对其他很多部位尚未考虑。

3. 专业汽车美容

（1）专业汽车美容不仅仅是指汽车清洁和打蜡，更主要的是<u>根据实际需要对汽车进行维护，包括对汽车护理用品的正确选择与使用、对汽车漆膜的护理</u>（例如对各类漆膜缺陷的处理、划痕的修复美容等）、<u>汽车装饰、精品选装等内容，</u>是一个非常复杂的系统工程。专业美容之所以专业就在于它自身的系统性、规范性和专业性；着眼于汽车的自身特点，由表及里地进行全面而细致的保养；每一道工序都有标准。

（2）专业汽车美容应达到的效果

1）车身漆膜应达到艳丽的新车效果，并能长久保持；应具有防静电、防酸雨、防紫外线等功能。

2）发动机系统经过免拆卸清洗后，应能提高整个系统的性能，并能延长自身的使用寿命。发动机的清洗翻新应使发动机表面形成光亮的保护膜并能长久保持。

3）风窗玻璃的修复抛光应使黯淡的玻璃变得清晰、明亮、完好。

4）内室、行李箱内经美容处理后，应更显得洁净、光鲜。

5）轮毂、轮胎经美容护理后，应光泽亮丽且使用寿命变得更长。

6）裸露部分的金属经除锈、防锈处理后，应具有金属光泽，且能使其使用寿命变得更长。

（3）一个汽车美容企业要想进入专业汽车美容行业，必须达到如下专业汽车美容的基本条件。

1）具备美容操作工作室，且工作室应与外界隔离。其内设有漆膜维修处理工作室、干燥室、清洗室、美容护理室，且最好互不干扰，但又有一定的联系。露天环境是不能进行专业汽车美容的。

2）各工作室应有可供施工用的相应设备、工具及能源。

3）工作人员必须经过专业的技术培训并取得上岗证书。

4）汽车美容用品及材料必须是正规厂家生产的合格品，而且还应是配套使用的相关产品，以免造成质量事故。

5）必要的售后服务是对专业美容的补充，以便出现一些质量问题时可进行补救处理，既可保证汽车美容企业良好的服务形象，又是对消费者权益的保护。

二、汽车美容有哪些主要项目

专业汽车美容护理的特点是施工项目多、覆盖范围广，既有简单也有复杂，可随意组合，服务灵活多变，作业时间短、见效快。

1. 汽车内、外饰清洁护理

（1）汽车外部清洁护理。汽车外部清洁护理包括车身的清洁护理与玻璃、电镀件、塑胶件、轮辋、轮胎、保险杠等部位的清洁护理以及"底盘封塑"等内容。其中，车身的清洁护理包括高压洗车、新车开蜡、对沥青焦油等污垢的去除与打蜡或封釉护理。

新车开蜡

底盘封塑

（2）汽车内饰清洁护理。汽车内饰清洁护理包括车室美容、发动机美容及行李箱清洁等项目。其中，车室美容包括仪表板、顶棚、地毯、脚垫、座椅、座套、车门内饰的吸尘清洁保护，以及蒸汽杀菌、冷暖风口除臭、室内空气净化等项目。发动机美容包括发动机冲洗清洁、喷上光保护剂、翻新处理等清洁、检查和维护项目。

车室美容

发动机美容

2. 车身漆面美容

（1）护理性美容作业项目

1）研磨，用于去除漆膜表面的氧化层、轻微划痕等缺陷。在做漆面划痕修复时，也会用到研磨、抛光等工序，以去除轻微划痕。所以本书将研磨列入漆面美容护理的范围。研磨后还要抛光、还原，这是三道连续的工序，研磨是漆面轻微缺陷修复的第一步，要求使用专用的研磨剂，并用研磨机或抛光机作业。

2）抛光是紧接着研磨的第二道工序，其目的是去除研磨留下的打磨痕迹，要求使用专用的抛光剂，并用研磨机或抛光机作业。

车漆研磨

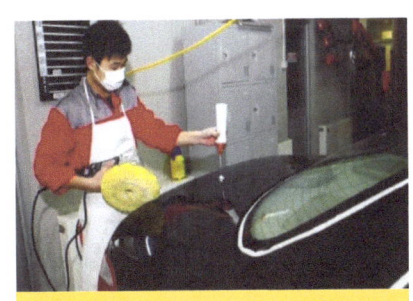
车漆抛光

3）还原是紧接着抛光的第三道工序，其目的是通过还原剂将车漆的光泽还原回新车的状态。还原所使用的美容产品有两种：一种是还原剂，另一种是增艳剂。增艳剂在还原剂的基础上还具有增艳作用。还原作业要求使用专用的还原剂或增艳剂，并用研磨机或抛光机作业。

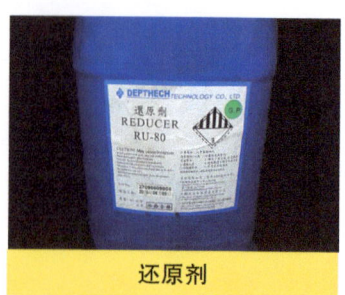
还原剂

增艳剂

4）打蜡不仅可以使蜡在车漆表面形成清晰度较高的保护膜，而且能够起到上光、防水、防紫外线、防静电等作用。打蜡可以手工完成，也可以用打蜡机作业。但蜡可溶于水，起不到长期保护漆面的作用。

5）封釉，釉质主要有抗氧化、耐酸碱、光亮持久、密封、抗划痕等作用。汽车封釉就是采用先进工艺与专用工具将高分子釉剂挤压进车漆的纹理中，使之在车漆内形成牢固的网状保护层。附着在车漆表面的釉质能够大大提高车漆的硬度，降低其表面粗糙度，并具有一年以上的保持功效。汽车封釉之后无需打蜡，而汽车打蜡之后也不能封釉，要想封釉就必须用脱蜡洗车液将车清洗干净后才可进行。

车漆打蜡

封釉

（2）漆面划痕处理。漆面划痕处理服务项目可分为漆面浅划痕处理和漆面深划痕处理。漆面浅划痕处理用研磨、抛光的方法，漆面深划痕处理可以用色漆修补笔或喷漆工艺来完成。

色漆修补笔的使用方法如下：

1）清除污垢，用砂纸将刮伤处的油污、车蜡、铁锈等清除干净。

2）对色，利用车门缝比对色卡颜色，选择与车身颜色相同的补漆笔。

3）摇匀，使用前请将产品充分摇匀（上下摇晃约45~50次）。

色漆修补笔

4）上漆，用瓶内的笔刷将油漆一点一点地涂上，重复多次，使油漆凸出平面，必要时，可用胶布遮护四周。

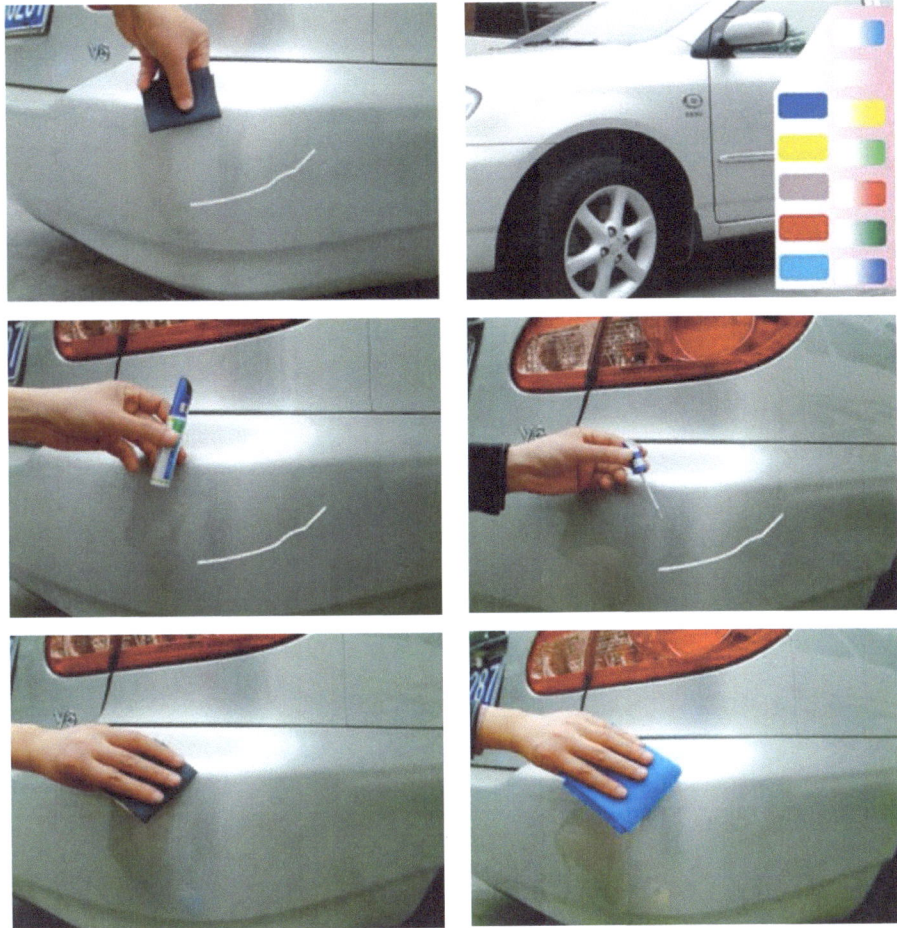

5)水研磨,一周后用 2000 号的耐磨水砂纸,蘸水轻轻研磨凸出的部分至平滑。

6)上光、上蜡,涂上一层"亮光金油"即可光泽如新。若无"亮光金油",也可以通过上蜡抛光获得相同的效果。

3. 发动机的免拆清洗维护

发动机的免拆清洗维护美容服务项目包括对发动机燃油供给系统、发动机冷却系统、发动机润滑系统及自动变速器的免拆清洗维护等。

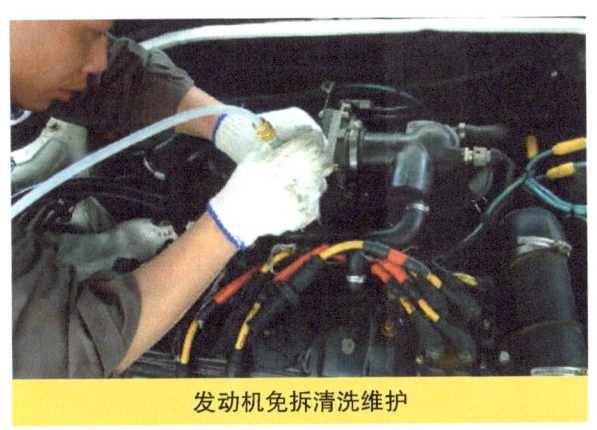

发动机免拆清洗维护

4. 其他汽车美容项目

本书统一将其他汽车美容项目归为汽车装饰，如防爆太阳膜的装贴、汽车天窗的加装、汽车氙气灯、车身表面保护膜的装贴、汽车音响、倒车雷达、汽车防盗装置的选装与汽车的隔音降噪等。

汽车贴膜

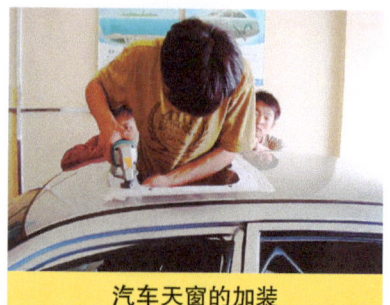

汽车天窗的加装

你学会了吗？

1. 汽车美容的类型有哪些？
2. 汽车美容的主要项目包括哪些？

第二章
熟悉汽车美容用品

第3天　你必须了解的汽车清洗系列用品

学习目标

1. 了解汽车专用清洗剂的优点
2. 了解清洗剂的有效成分
3. 掌握清洗剂的除垢过程
4. 了解清洗剂的特点
5. 了解不同种类的清洗剂的使用方法和注意事项

一、如何选用合适的清洗剂

（1）普通清洗剂（洗衣粉、洗洁精）的危害。目前在国内外，清洁剂都有着特别广泛的使用，汽车清洗剂是一种新型的汽车专用清洁用品。清洗车身表面时，切勿用洗衣粉、洗洁精等碱性较大的普通洗涤用品，否则长期使用这些洗涤用品，会使车漆干裂、表面暗淡，造成无法挽回的损失。

（2）汽车专用清洗剂的优点。专用的洗车香波能极大地降低界面间的张力，因其含有界面活性剂和功能性高分子材料，所以具有较强的渗透能力和增溶能力，能有效清除汽车表面的各类顽固污垢，且具有除锈功能，长期使用不会对车体表面造成损伤。进口汽车美容用品中有汽车清洗香波、清洗及上蜡香波，属于专业的汽车美容用品，其pH值均为7.0。在清洗汽车各部位时，要根据材质选择相应的专业清洗剂。

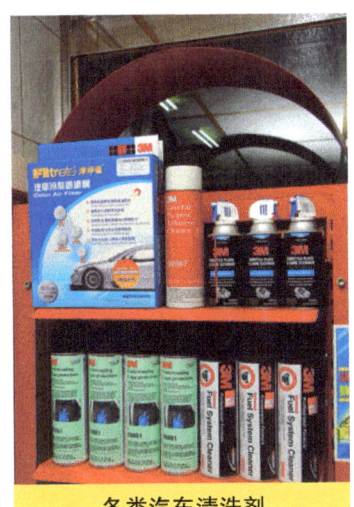

各类汽车清洗剂

二、清洗剂有哪些有效成分

1. 表面洁性物质

表面洁性物质又称表面洁性剂或界面洁性剂，能显著降低液体表面张力。它可使液体污垢形成乳浊液、固体污垢形成悬浮液。软肥皂和合成清洗剂是汽车清洗剂中主要的表面洁性物质。

软肥皂又称液体肥皂，一般都是钾皂，在软水中有很好的去污能力，能很好地溶入水中，是许多汽车清洗剂中不可缺少的成分之一。而在硬度较高的水中，使用合成洗涤剂较为合适。因为它可以使肥皂在硬水中形成的钙镁皂浮出并分散在溶液中，一般都使用阴离子型及非离子型合成清洗剂。阴离子型清洗剂的去垢能力较强，在碱性溶液和硬水中很稳定；而非离子型清洗剂的去垢能力比阴离子型清洗剂还强，且在去垢过程中防止污垢再沉积的能力也优越得多。将非离子型清洗剂加入阴离子型清洗剂中，由于增强了后者在冷水和硬水中的溶解度，所以可以加强后者的去污能力。

除软肥皂和合成清洗剂外，常用的表面活性物质还有油酸、三乙醇胺、醇类等。

2. "水玻璃"

"水玻璃"的化学名为硅酸钠，在清洗剂中，它的主要作用是维持溶液的 pH 值基本不变。在清洗过程中，碱盐一定会被酸性污垢所耗用，而"水玻璃"维持溶液碱性的缓冲效果大约是其他碱盐的两倍，因此能够使清洗剂的消耗明显降低。在同时使用"水玻璃"和活性物质时，"水玻璃"较好的悬浮或稳定悬浮系统的能力是提高去污能力的重要因素。

3. 磷酸盐

磷酸盐有磷酸三钠、磷酸氢二钠和缩合磷酸钠等，在清洗剂配方中尤以缩合磷酸盐最为重要。磷酸三钠又称正磷酸钠，它的 1% 水溶液在室温时的 pH 值为 12，由于它的碱性太强，所以在清洗剂中不能用得太多，在配方中它能增加清洗剂溶液的润湿能力，有一定的乳化能力，但它的主要作用是软化水质。磷酸三钠与硬水中的钙镁盐反应，成为不溶性磷酸钙盐和磷酸镁盐而逐渐沉淀。

磷酸氢二钠除 pH 值较低外，其余性质与磷酸三钠相同。在配方中往往将这两种磷酸盐混合使用，这样可以保证在 pH 值较低的情况下仍能得到良好的去污能力。

缩合磷酸盐主要包括焦磷酸钠、三聚磷酸钠等，使用最多的是三聚磷酸钠。在去垢剂中加入缩合磷酸盐，使具有缩合磷酸盐和钙镁离子生成络合物，并能在水中溶解，起到软化水质的作用。在水溶液中，缩合磷酸盐具有特殊的分散污垢固体微粒的能力，可以加快清洗过程和提高清洗效果。缩合磷酸盐的 pH 值较低，但有很好的去垢能力、泡沫稳定性和乳化力。

4. 碱性物

附着在金属表面的油脂大体上可分为动、植物油脂和矿物油脂两大类。前者是脂肪，它和苛性钠一起被加热时会发生皂化反应，结果生成肥皂和甘油，这些产物都溶于水。此时生成的碱皂是极性分子，极性端被水所吸引，非极性端被油所吸引，因此溶剂的表面张力降低，油和溶液完全接触，溶液可以渗透到油的内部，油脂膨胀并被溶液润湿，从而使它和金属间的附着力减小，最后变成微小的颗粒并分散在溶液中发生乳化。

另一方面，若配制清洗液或除油后用水冲洗被洗物面时，现在已改用硅酸钠、碳酸钠、磷酸钠系统的碱性清洗剂了。因为这些碱性物质，都是弱酸强碱式的盐类，加水分解就变成碱，而且其酸碱度大体保持恒定，也就是说，碱度下降后便由水分解补充降低的碱度从而保持一定的 pH 值，所以这样的碱清洗剂是缓冲溶液式的，它弥补了苛性钠的缺点。对清洗液来说，为了保证足够的清洗能力，pH 值必须保持在 9 以上。

对于矿物油脂，由于不会发生皂化反应，即使和苛性钠一起加热也很难去掉油脂，但硅酸钠却能去除这类油脂。在使用硅酸钠溶液除油，特别是除油后还要进行化学除锈时，应特别注意除油后，被洗物面一定要用水冲洗干净（必要时用热水最好）。否则，物面上有一些硅酸钠残留物碰到酸就会发生氧化而成为硅胶，这对以后的清洗和被洗物表面喷漆都会产生不良影响。清洗剂溶液中加入过多的碳酸钠等碱性物质，会使汽车表面的漆层发软、起泡。

5. 溶剂

溶剂是表面清洗剂的主体，它连同表面活性剂等添加剂一起对污垢起化学反应，达到清洗除垢的目的。溶剂主要有水基溶剂和油基溶剂两种，水基溶剂主要是水，油基溶剂主要有汽油、煤油、松节油等。

6. 摩擦剂

摩擦剂是增加与清洗表面接触、摩擦的物质，如硅藻土等。

三、清洗剂的除垢过程是怎样的

清洗剂除垢包括润湿、吸附、溶解、悬浮和去污5个过程。

1. 润湿

清洗剂接触汽车表面的污垢质点后，由于清洗剂溶液对污垢质点的润湿力很强，因此清洗物的表面很容易被清洗溶液润湿，并促使两者充分接触。污垢质点的表面、污垢聚集体的细小空隙中都能被深入润湿，从而使污垢和被清洗表面的结合力减弱、松动。

2. 吸附

清洗剂中电解质形成的无机离子与污垢质点结合后，会使对污垢质点的静电吸引力发生改变，还可防止污垢再沉积。在进行汽车外表面的清洗时，既有化学吸附（类似化学键的力互相吸引），又有物理吸附（分子间互相吸引）。

3. 溶解

在清洗溶液中溶解污垢。

4. 悬浮

清洗剂中的表面活性物质在污垢质点表面形成定向排列的分子层，使其去污的作用进一步加强。清洗剂的分子内有两个部分：一个由长的碳氢链组成，它能溶解于油中而不溶解于水中；另一个是水溶性基因，它使整个分子在水中能够产生表面活性作用，又称极性分子。憎水基（亲油基）是分子中油溶性的部分，而水溶性的部分是亲水基（憎油基）。表面活性物质分子在接触污垢质点后，其憎水的一端会与污垢质点结合，而亲水的一端则会与水结合，吸附在污垢质点周围定向排列的分子，会使污垢质点和周围的水溶液紧紧地结合在一起，憎水性物质会与亲水性物质相整合，使其表面污垢脱落，然后在清洗剂中悬浮。

5. 去污

使用高压水枪冲掉污垢。

通过润湿、吸附、溶解、悬浮和去污这5个过程不断循环、综合作用，可以将汽车表面上的污垢清除掉。

四、清洗剂在洗车过程中扮演什么角色

采用清洗剂除垢是当前国内外大力推广和应用的新技术，使用清洗剂清洗汽车具有以下特点：

1）**快速高效**。清洗剂具有很强的去污力，对提高清洗速度有很大的帮助，在清洗的同时还可当作护理剂，减少美容的工序，大大提高作业效率。

2）**环保**。在清洗汽车时采用环保清洗剂，可减少对环境的污染。同时可使汽车的清洗质量得以保证。

3）**保质**。清洗剂不仅可以彻底清除各种污垢，而且不伤漆面，起到保护车身的作用。

4）**经济**。用清洗剂清洗油垢，可降低溶剂油的消耗，如1kg清洁剂大约可代替30kg溶剂油，

从而降低 90% 的清洗费用。

5）**环保**。采用环保型清洗剂清洗汽车，可减少对环境的污染。

五、你知道清洗剂有很多种吗

清洗剂主要有多功能清洗剂、去油剂和溶剂三类。

1. 车身表面多功能清洗剂

多功能清洗剂主要用于清洗汽车表面的灰尘、油污，并在清洗的同时进行漆面护理。

（1）多功能清洗剂

1）**二合一清洗剂**，亦称二合一香波，是一种高级表面清洗剂。该类清洗剂将清洁、护理合二为一，既有清洗功能，又有上蜡功能，可以满足快速清洗兼打蜡的要求。如上光洗车液主要由表面活性剂配制而成，上蜡成分是一种具有独特配方的水蜡，在清洗作业中，它可以在漆面形成一层蜡膜，增加车身的鲜艳程度并有效地保护车漆。该产品使用起来非常方便，可以用做汽车的日常护理用品，适合刚做过专业美容的汽车或者只愿花较低费用洗车、打蜡的汽车。这种洗车液不易燃，属生物降解型，对环境无污染。

2）**香波类清洗剂**。该类清洗剂主要有汽车香波及清洁香波等品种，具有性质温和、不破坏蜡膜、不腐蚀漆面、液体浓缩、泡沫丰富和使用成本低等优点，香波类清洗剂含有表面活性剂，有很强的分解能力，能有效地去除车身表面的尘土和油污，有的产品含有阳离子表面活性剂成分，能去除车身携带的静电并防止"交通膜"的形成。

3）**脱蜡清洗剂**。该类清洗剂含柔和性溶剂，具有较强的溶解功能，不仅可去除车身油垢，而且能把原有的车蜡洗掉，主要适用于重新打蜡前的车身清洗。

4）**水系清洗剂**。目前在国内外汽车专业美容行业中广泛采用水系清洗剂。这种汽车清洗剂不同于除油脱脂剂，其配方中基本不含碱性盐类，一般由多种表面活性剂配制而成，具有很强的浸润和分解能力，能够有效地去除车身表面的尘埃、油污。比如不脱蜡洗车液，是近年来国内外推广使用的水系清洗剂，具有操作简便、挥发慢等特点，其配方中不含碱性盐类，主要成分是类型不一的表面活性剂，其中非离子活性剂使用得比较多，是车身日常清洁的首选洗车液。这种洗车液不易燃，属生物降解型，对环境无污染。

5）**增光型清洗剂**。如增光洗车液，这是一种集清洁、增光、保护于一身的超浓缩洗车液，使用时能够产生丰富的泡沫，具有良好的清洁效果，其独特的增光配方可以在车漆表面形成一层高透明的蜡质保护膜，令漆面光洁亮丽，给人焕然一新的感觉。

（2）汽车室外清洗剂

1）不脱蜡洗车液（浓缩型）

a. 产品性能：超柔和型，不会把原有车蜡洗掉，可有效地清洗泥土及油垢。清洗液中含有天然巴西棕蜡成分，用毛巾轻轻擦干后，给人以打过蜡的感觉。

b. 使用方法：洗车时按 1∶100 的比例溶于水后用于洗车作业，可在几分钟内让车焕然一新。

c. **注意事项：不易燃，对环境无污染，属生物降解型。**

2）上光洗车液（浓缩型）

a. 产品性能：集水蜡与清洗功能为一体，既洗车又打蜡，像洗车一样的方便，车像打过蜡一样有光泽。

b. 使用方法：先将车冲净，上光洗车液按 1∶100 的比例溶于水后擦涂于车体表面，然后直接用毛巾擦干后再用无纺棉轻轻抛光。

c. 适用对象：只愿花较低费用洗车打蜡的汽车，或刚做过专业美容的汽车，亦可建议车主用此产品做汽车的日常养护。

d. **注意事项：不易燃，对环境无污染，属生物降解型。**

3）泡沫上光洗车剂

a. 产品性能：采用当今世界上最流行的喷罐泡沫式包装，有浓厚的橙香味，使用极为方便。

b. 适用对象：因成本高，不主张专业人员使用，可推荐给车主作为美容护理后的个人使用养护品。

c. **注意事项：含少量溶解性清洁剂，喷到车上后不宜久留，应立即用水冲洗。压力罐装属易燃易爆品，应在阴凉处存放。**

4）天然洗车液（浓缩型）。

a. 产品性能：该用品以柠檬、芦荟油为主要原料，经特殊工艺炼制而成，具有优良的抗氧化和防酸作用，而且能给予车辆最自然的光泽，是洗车液中的极品。它的pH值适中，吸取大自然的精华，对环境无污染。

b. 使用方法：按1∶100的比例将洗车液溶于水，搅匀，用软毛巾或海绵擦洗车身，然后用无纺棉或柔软毛巾轻轻将车抛光即可。

5）变色水蜡。

a. 产品性能：世界上唯一的双色配方水蜡，瓶中上半截的白色是天然巴西棕蜡、下半截的蓝色是环保型润滑洗车液，含催干剂，自动驱水，几乎不用毛巾擦干。它是最便捷的洗车、上光一体化产品，使用步骤与洗车程序一样，但其中还包括打蜡。

b. 使用方法：使用时先将液体摇匀（呈乳白色），然后将1瓶盖（每次只用1瓶盖）液体按1∶100的比例溶于水后擦洗汽车。如为质量上乘的变色水蜡，用后效果可保持数月之久。

6）脱蜡洗车液（浓缩型）。

a. 产品性能：去油垢功能较强，不含蜡及任何增光剂。

b. 适用对象：做专业美容护理的车或者要进行正规打蜡的车。专业人员通常要把该车的油垢先洗干净，还要把以前的蜡也洗掉，一般的洗车剂达不到这个效果，而"洗涤灵"的碱性太强，容易伤漆，因此只有脱蜡洗车液最合适。洗车时按1∶100的比例将脱蜡洗车液溶于水后使用，若车很脏，可按1∶50的比例稀释。

c. **注意事项：该用品含柔和性溶剂，不属生物降解型，不易燃，pH值为8.0。**

（3）汽车室内清洗剂

根据汽车室内各部件材料的不同，汽车室内清洗剂主要有以下13种。

1）多功能清洁柔顺剂。

a. 产品性能：能对汽车内部装饰及行李箱各部位进行清洗翻新，去污力强，尤其对丝绒及地毯表面可起到清洁、柔顺、还原着色和杀菌等作用。它是低泡清洗剂，适用于泡沫机使用（高泡沫会损伤真空泵），也可手工使用。

b. 适用范围：适用于对车厢内、行李箱内及各内部装饰表面进行翻新清洗。

c. 使用方法：用喷抽机或手工将该产品喷洒到待清洗物表面，然后用软布轻轻擦拭干净即可。

2）丝绒清洁保护剂。

a. 产品性能：对毛绒、丝绒、棉绒等织物均有清洁保护作用。泡沫丰富，去污力强，洗后留有硅酮保护膜，能恢复绒织物原状，防止脏物渗入。

b. 使用方法：轻轻摇晃该用品使其均匀，然后大面积地喷在待处理表面或喷在干净布上擦拭，再用洁净干布将泡沫擦净。污渍明显的地方应反复喷涂擦拭。在使用前应先找一小块试用，效果不好时勿用。清洁真丝织物及丝绸织物时不能使用该产品。

3）地毯洗涤保护剂。

a. 产品性能：该用品专为清洗汽车地毯而配制，泡沫丰富，去污力强，洗后留有硅酮保护膜。

b. 使用方法：洗前应先将污垢洗净，然后轻轻摇匀该用品，大面积喷在需清洁的表面或干净的布上擦拭，再用洁净的干布将泡沫擦净或用暖风机烘干。在使用前应先找一小块试用，效果不好时勿用。

4）化纤清洗剂。

a. 产品性能：在多功能清洗剂的基础上进行了改进，对油泥、沾得时间不太长的果汁和血迹等污垢的清洗效果尤佳，对化纤制品没有伤害，也不像一些干洗剂那样有强烈的挥发成分，因此不必在通风处使用。

b. 使用方法：最好的方法是用泡沫清洗，先将液体倒入桶中，用压喷枪按 1∶1～1∶5 的比例注水，然后用毛巾蘸水中的泡沫清洗脏物。因为它所含的表面活性剂多，所以泡沫的去污力强。

c. 适用范围：适用于车、家用化纤地毯和沙发等，不适用于真丝针织品。

d. 注意事项：虽然属生物降解型，但 pH 值较高，使用时最好先小面积试验。此产品不易燃。

5）塑胶清洁上光剂。此类产品主要用于对塑料及橡胶制品的清洁与护理，在清除污垢的同时还能在塑胶制品表面形成一层保护膜，具有翻新效果。

6）真皮清洁增光剂。此类产品主要用于对皮革制品的清洁与护理，在清除污垢的同时还能在塑胶制品表面形成一层保护膜，起到抗老化、防水和防静电的作用，还能延长皮革制品的使用寿命。

7）多功能内室光亮剂。

a. 产品性能：此类清洗剂不仅可对化纤、皮革、塑料等不同材料的室内物品进行清洗，而且可起到上光、保护和杀菌的作用。

b. 使用方法：使用方便，只要一喷一抹，即可光洁如新，增加美丽光泽，并有防止室内部件老化、龟裂及褪色的功效。

8）车内仪表板清洁剂。

a. 产品性能：能保持车内人造革或皮革（真皮）的光泽，使灰尘无法沾污，有柠檬香味，不含硅力康，不会破坏漆膜。

b. 适用范围：主要适用于对车门、仪表板、合成橡胶、塑料制品、人造革及真皮制品的表面清洗。

c. 注意事项：该产品为易燃品，不可置于热源、火源处，不可用于喷涂转向盘和座椅的支撑部位。

9）玻璃清洗液。

a. 产品性能：主要用于去除玻璃上(内侧)积累的白色雾状膜，即各种内部装饰清洗剂、清新剂、烟头造成的静电油脂，同时还可有效地去除鸟粪、油泥及尘土。因含挥发剂，擦后可很快风干；又因是水质，也可用于对电镀件、内部装饰（地毯、座椅）等的清洗。

b. 注意事项：该产品属易燃液体，应在阴凉处存放，且应远离腐蚀剂、溶剂等。

10）车内地毯及装饰品清洁剂。

a. 产品性能：可去除地毯、丝绒和其他车内饰品上的油泥、污垢和灰尘，可防止车内饰品老化。其不含对车内饰品及人体有害的成分。

b. 使用方法：将该产品喷到需清洗的物体表面上，然后用刷子刷，最后用吸尘器吸干净即可。

c. 注意事项：避光保存。

11）皮革乙烯材料清洗剂。

a. 产品性能：可清洗对车内座椅、沙发和仪表板等起保护作用的皮革和乙烯材料制品，使其恢复表面光泽，防止制品因恶劣环境而提前老化，使驾驶室在清洁后给人赏心悦目的感觉。

b. 适用范围：车顶内的乙烯树脂、室内制品的清洗。

c. 使用方法：将该产品均匀地喷涂在待洗物表面，再用干净的软布擦干即可。

d. 注意事项：避光保存。

12）风窗玻璃浓缩防雾清洗剂。

a. 产品性能：可有效地清除风窗玻璃上的污垢和脏物以及玻璃上的条痕，使玻璃明亮干净。它含有抗腐蚀添加剂，能防止系统中各种金属部件生锈和腐蚀，有良好的低温防冻和防雾性能，能使汽车的风窗玻璃在 -98℃时都不结冰，确保视野良好和驾驶的安全性。

b. 使用方法：根据地区温度差别，将该产品按使用说明书推荐的比例与水混合，倒入汽车风窗玻璃清洗剂的盛液罐中，然后清洗。夏天可按 1∶6（体积比）的比例稀释。

13）多功能绿色清洗剂。绿色清洗剂是在近些年西方环保运动中出现的重要的环保型清洗用品。

a. 产品性能：清洗功能非常强，破坏性极小，应用范围非常广，主要用于皮革制品、仪表台等处使用的清洁剂，若拿它去清洗计算机、复印机、卫生间等，效果一样令人满意。

b. 适用范围：按 1∶4 的比例稀释后，清洗皮革座椅、仪表台和内部装饰革质包层；按 1∶2 的比例稀释可清洗轮胎；不稀释可清洗发动机、轮毂。

2. 去油剂

去油剂又称油脂清洗剂，具有极强的去油功能，主要用于对发动机、轮毂等油污较重部位的清洗。

（1）常见的去油剂种类

1）水质去油剂：安全、无害，去油功能有限，成本适中。

2）石化溶剂型去油剂：易燃、有害，去油功能强，成本低。

3）天然型溶剂（从橙皮中提炼）：无害，去油功能强，成本高。

（2）常见去油剂产品

1）轮毂去油剂。一般轮毂清洗液都属酸性物质，容易损伤轮毂的金属层。

a. 产品性能：此产品不含腐蚀剂，也不含酸性物质，清洗功能极强。将轮毂去油剂喷到轮毂表层后，油泥液会自动往下流，只需用布轻轻擦干即可恢复金属或 ABS 塑料的原有光泽。

b. 注意事项：该剂不易燃，对环境没有污染，没有腐蚀性。

2）轮胎强力去污剂。

a. 产品性能：该产品为强碱型清洁剂，会与橡胶制品产生活跃反应。对带有白线圈的轮胎的清洗效果尤其明显，用它清洗（最好在喷后用马毛刷走一遍）过的白线圈就如同新的一样。

b. 注意事项：该产品属腐蚀性液体，应妥善保管。

3）发动机强力清洗剂（松香型、浓缩型）。

a. 产品性能：该产品是世界上唯一的生物降解型溶剂，也是唯一的比一般溶剂更强的生物降解型去油剂，其主要成分是从橙皮中提取出来的，成本较高。

b. 使用方法：不稀释时可清洗发动机等油泥较重的地方，按 1∶1 的比例稀释（也可不稀释）后可用于清洗内部装饰、抽油机等部件。

  c. 注意事项：应远离食物，该清洗剂pH值为13，属生物降解型，不易燃。

  4）发动机外部清洗剂。

  a. 产品性能：该产品是以煤油为基础料的去油剂（或叫溶剂），属生物不可降解型，用后的脏液应妥善处理。该产品可去除较重的油污，能快速乳化、分解油污，且不腐蚀机体及零部件，产品呈碱性，含有缓蚀剂成分。

  b. 适用范围：适用于对发动机外表及底盘等部位的清洗。

  c. 使用方法：该产品可不用稀释，可直接使用，使用时将清洗剂喷到车上，擦洗后用水冲净即可。

  d. 注意事项：该产品属生物不可降解型，易燃，严禁在发动机灼热时使用（会起火）。

  5）水质去油剂。

  a. 产品性能：该产品是最具灵活性的去油剂，虽然不能用来开蜡（因不是溶剂），但可作为一种多功能去油剂来使用。因为它是水质的，因此很安全。实际上，可把它当作普通多功能清洗剂来使用（洗车、洗内部装饰、洗皮革），它比一般清洗剂又多了去油的功能。

  b. 注意事项：该剂属生物可降解型，不易燃，没有腐蚀性，但碱性较强，工作时应有保护措施。

3. 溶剂

  溶解清洗剂简称溶剂，是一种溶解功能极强的清洗剂，不仅能清除车身上的焦油、沥青、鸟粪、橡胶和漆点等不溶于水的污垢，而且可用于开蜡，故有些品种的溶剂直接取名为"开蜡水"。

  溶剂分两大类，即石化溶剂和天然溶剂。大部分石化溶剂都以煤油为基础料，然后再加以各种添加剂或表面活性剂。

  1）脱蜡清洗剂。此类清洗剂含柔和性溶剂，具有较强的溶解功能，不仅可去除车身油垢，而且能把原有的车蜡洗掉，主要适用于重新打蜡前的车身清洗。

  2）蜡质开蜡水。

  a. 产品性能：蜡质开蜡水属生物降解型溶剂，它的主要原料提炼于橙皮，因此成本较高。但这是目前唯一能满足西方环保要求的蜡质开蜡水。在使用中若蜡不厚，可将蜡质开蜡水按1:1的比例稀释使用。

  b. 注意事项：本产品对环境无害，不易燃，没有腐蚀性，但具强碱性，使用时须有劳动保护措施。

  3）树脂开蜡水。

  a. 产品性能：树脂蜡一般用做运输车辆的保护剂，它的主要目的是防雨水、灰尘和划痕。这种保护层一般不含油脂物质，因此在开蜡时，要用含树脂聚合物溶解元素的树脂开蜡水。

  树脂开蜡水不含腐蚀剂，在国外，很多人用它来清洗汽车顶部和有些车的皮革、电镀件、风窗玻璃及铝合金件等。

  b. 使用方法：该产品在使用时必须按1:3的比例溶于水（最好是热水），因这时树脂开蜡水的表面活性剂最活跃，开蜡效果最好。

  c. 注意事项：该产品虽不具有腐蚀性，但使用时仍需劳动保护用品。

  4）污垢软化剂。鸟粪、树叶等落在车上若长时间不清洗会变硬，在公路上溅上的沥青也是一样，它们会侵蚀车漆。普通清洗剂很难洗掉已变硬的鸟粪和沥青。

  a. 产品性能：污垢软化剂实际上是一种柔和的溶剂，主要用来软化上述硬化物质，可直接用在车漆、玻璃和保险杠等的表面。污垢软化剂同时可做开蜡水，尤其可针对于较硬的运输蜡。把污垢软化剂喷在车上，5min后用水冲洗再用布擦净即可（一定要用清水将污垢软化剂冲净）。

  b. 注意事项：污垢软化剂属柔和型溶剂，pH值为9.5，使用时产生的废水应妥善处理，工作时要有劳动保护措施。

你学会了吗？

1. 汽车专用清洗剂的优点有哪些？
2. 清洗剂的有效成分包括哪些？
3. 清洗剂的除垢过程有哪几步？
4. 清洗剂的特点是什么？
5. 不同种类的清洗剂的使用方法和注意事项分别是什么？

第4天　汽车漆面护理用品有哪些

学习目标

1. 了解定期美容打蜡的必要性
2. 掌握汽车车蜡的主要作用
3. 掌握防雾剂的作用、使用方法和注意事项
4. 掌握清洁香波的作用、使用方法和使用范围
5. 掌握防冻液的作用、使用方法和质量好坏的评价方法
6. 掌握汽车玻璃水的作用和使用方法

一、车蜡用品——汽车的"防晒霜"

车身打蜡是汽车表面护理中的一项重要作业，汽车蜡在保护车身漆层的同时，还可使车漆表面保持亮丽的光泽。

1. 车蜡的主要成分

车蜡的主要成分是天然蜡或合成蜡，它通过渗透漆面的缝隙使表面平整从而使亮度增加。

2. 定期进行美容打蜡的必要性

传统的汽车打蜡是以上光保护为主，随着汽车美容业的发展，汽车打蜡被赋予了新的内容。如果一辆车打了蜡，并且蜡层较厚，就能够达到较好的光亮效果。但车蜡属于油性物质，与漆面的结合力差，保护时间较短，蜡层常常因下雨或冲洗等因素而流失，有时甚至会附着在风窗玻璃上形成油垢。因此，汽车应该定期进行美容打蜡。

由于车辆行驶的环境、停放场所不同，打蜡的时间间隔也应不同。一般在车库停放，多

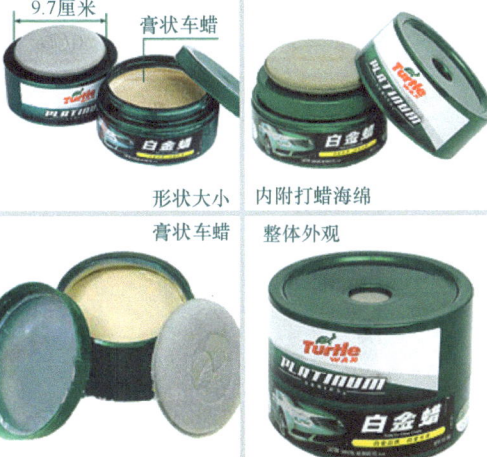

汽车蜡

在良好路面上行驶的车辆，每隔1~2月打一次蜡；露天停放的车辆，由于风吹雨淋，最好每个月都打一次蜡。当然，这并非是硬性规定。一般来说，用手触摸车身感觉不光滑时，就应再次打蜡。

3. 汽车车蜡的主要作用

汽车车蜡的主要成分是聚乙烯乳液或硅酮类高分子化合物、油脂和其他添加成分。目前，市场上各品牌车蜡涂覆在车身表面后具有以下作用：

（1）**隔离防水作用**　车蜡能使车身漆面上的水滴附着率减少60%~90%，高档车蜡还可使残留在漆面上的水滴进一步平展，呈扁平状，最大限度地减少水滴对阳光的聚焦，从而使车身免受侵蚀和破坏。汽车属于室外用品，经常暴露在空气中，免不了风吹雨淋，同时运行环境复杂，容易受到有害气体、有害灰尘及水分等腐蚀性物质的侵蚀。当水滴存留在车身表面时，在强烈阳光的照射下，每个小水滴就成为了一个凸透镜，在其聚集作用下，焦点处温度可达800~1000℃，从而造成漆面暗斑，极大影响漆面的质量及使用寿命。有害气体和有害灰尘也会造成车漆变色、老化。另外，水滴易使暴露金属表面产生锈蚀。车蜡可在车漆与空气之间形成一层保护层，有效地隔离车漆与有害气体、有害灰尘，起到一种屏蔽的作用。高档车蜡可使水滴附着率减少90%以上，这就大大降低了车身遭受侵蚀的可能性，最大限度地保护了漆面。

（2）**上光作用**　上光是车蜡的最基本作用之一，经过打蜡的车辆，都能不同程度地改善其漆面的光洁程度，使车身恢复亮丽本色。汽车的车身面漆等于汽车的外衣，一辆车看上去是新是旧、好不好看，很大程度上取决于它的车漆，因此，对车漆的护理十分重要。上光是车蜡的最基本作用，汽车车蜡既可以用来保护车漆，又可以使车漆美观。打蜡能改善车辆表面的光亮程度，使车身恢复或增添亮丽的光彩。

汽车打蜡前后对比

（3）**抗高温作用**　车蜡的抗高温作用原理是对来自不同方向的入射光产生有效反射，防止入射光使面漆或底色漆老化、变色，从而延长漆面的使用寿命。

（4）**防紫外线作用**　车蜡的防紫外线作用与它的抗高温作用是并行的，只不过在日光中，由于紫外线的特性决定了紫外光较易于折射进入漆面，所以，防紫外线车蜡充分地考虑了紫外线的特性，使其对车表的侵害得以最大限度地降低。

（5）**防静电作用**　汽车静电的产生主要有两个来源：一方面是纤维织物，如地毯、座椅、衣物等的摩擦而产生的；另一方面是由于汽车在行驶过程中，空气中的尘埃与车身金属表面相互摩擦产生的。由于静电的作用，会使灰尘附着于车身外表，无论是哪种原因产生的静电，都会给司乘人员带来诸多不便，甚至造成伤害。给汽车打蜡，在车身表面与空气流之间形成一层隔离层，从而减小静电影响。车蜡防静电作用的原理是隔断尘埃与车表面金属的摩擦，通过打蜡隔断空气及尘埃与车身漆面的摩擦，不但可有效防止车表静电的产生，还可大大降低带电尘埃在车表面的附着。由于涂覆蜡层的厚度及车蜡本身的附着能力不同，其防静电效果会有一定的差别，一般防静电车蜡在阻断尘埃与漆面摩擦的能力方面优于普通车蜡。车身打蜡对消除或减小静电影响、使车身保持整洁具有重要作用。

（6）研磨抛光作用　　当车身表面出现划痕时，可使用研磨抛光车蜡。如划痕不很严重的话，抛光和打蜡作业可一次完成。选用时可根据需要灵活把握，使打蜡事半功倍。

（7）防氧化作用　　打蜡后，车身表面会形成一层蜡膜，可以较好地防止涂料与空气发生氧化反应，不容易形成氧化层。

（8）防划伤作用　　车身表面在打蜡后，会形成一层具有较高硬度的蜡膜，可以防止细小的划伤。

二、防雾剂——让驾驶视野更明亮

1. 防雾剂的作用

有清洁、防雾和清澈的作用。对漆面及雨刷无害，也无环境污染。

2. 使用方法

使用时打开易拉罐，倒入喷雾罐内，然后喷在风窗玻璃上。它适用汽车的内、外风窗玻璃。

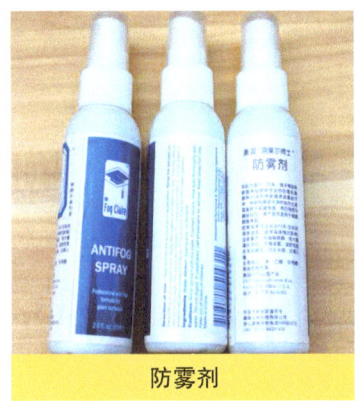
防雾剂

防雾剂使用前后对比

3. 注意事项

汽车漆面美容护理用品多是易燃易爆品或有毒品，使用或保管时要注意防火。

三、清洁香波——汽车的"洗面奶"

1. 清洁香波的作用

清洁香波的pH值（酸碱度）为7，呈中性。对漆面不腐蚀、不脱蜡，且有柠檬芳香味道；能清洗车身漆面，还能除油污和去静电。

2. 使用方法

使用时，先用适量的净水稀释清洁香波，然后再涂抹于车身漆面进行清洗，最后用干布擦净即可。

3. 适用范围

清洁香波适用于各种车型的车身漆面。

洗车清洁香波

涂抹于车身漆面的清洁香波

四、防冻液——冬天开车不用愁

1. 防冻液的作用

冬季气温低，当汽车在低温下仍使用时，发动机冷却液中就会加入一些能够降低水的冰点的物质作为防冻液，保证在低温时冷却系统不冻结。防冻液的全称为防冻冷却液，也就是有防冻功能的冷却液。

2. 防冻液质量好坏的评价

评价防冻液的质量好坏主要有以下两点：一是防冻效果，一般普通型的防冻液都可承受 -40℃，而优质的防冻液应能承受 -60℃左右，这是判定防冻液质量的一个重要指标；另一个是防冻液的沸点，防冻液的沸点至少应达到108℃以上，其沸点温度应随其冰点温度的降低而升高，之间的温差越大，防冻液的品质就越好。

防冻液

3. 防冻液的使用

不同品牌的防冻液所使用的金属缓蚀剂也不相同，因此不同品牌的防冻液不能混用。使用了防冻液的车辆，切勿直接补充自来水，应该加入蒸馏水或去离子水，若实在没有条件，加冷开水也比加自来水要好。如果防冻液因泄漏而损失，应补充同品牌的防冻液。防冻液应四季使用，夏天使用自来水的方法是不科学的，也是得不偿失的。如果车主在夏天用自来水替代过防冻液，那么到冬天时应该对汽车散热器做一次完整的清洗，然后再加入防冻液。有的防冻液存放一年后，会出现少量絮状沉淀，这种现象多半是添加剂析出造成的，不必扔掉。如果出现大量的颗粒沉淀，就表明该防冻液已经变质，不能再使用了。

加注防冻液

五、汽车玻璃水——风窗灰尘一扫光

1. 玻璃水的作用

汽车风窗玻璃清洗剂俗称玻璃水（即车窗净），主要由水、酒精、乙二醇、缓蚀剂及多种表面活性剂组成，在清洗汽车玻璃时使用，可起到清洗、防冻、防雾、抗静电、润滑、防腐蚀等作用。

2. 玻璃水的使用

使用时先起动汽车，打开除霜器，在有冰或有霜的地方喷上风窗玻璃水，十几分钟后，用风窗玻璃刮水器清除。

玻璃水

添加玻璃水

你学会了吗？

1. 汽车车蜡的主要成分是什么？
2. 定期打车蜡美容的必要性有哪些？
3. 汽车车蜡的主要作用有哪些？
4. 防雾剂的作用、使用方法和注意事项分别是什么？
5. 清洁香波的作用、使用方法和使用范围分别是什么？
6. 防冻液的作用、使用方法分别是什么？
7. 汽车玻璃水的作用和使用方法分别是什么？

第5天　告诉你一些汽车常用外饰材料

学习目标

1. 了解喷涂装饰用材料的种类
2. 了解橡胶装饰材料的性能

一、了解喷涂装饰用材料

经常使用高性能的涂料进行喷涂，可提高装饰效果。

1. 珍珠汽车漆

珍珠汽车漆的镜面光泽极好，珠光细腻柔和，图层闪色效应根据视角而变化，有极佳的装饰效果。在美、日、欧等国的各大汽车公司中，珍珠漆涂装几乎在所有高级豪华轿车中都有所应用。

珍珠汽车漆

2. 69幻彩超级特别珍珠漆系列

69幻彩超级特别珍珠漆系列，其特有的超级变换方式能产生特有的变换色彩，使装饰效果更具特色。

3. 特种高亮清漆

1360、0200为高固型双组分清漆，其流平性极好、光泽度极高，且硬度好，可快速干燥和抛光，是名贵轿车高品质喷涂的首选，在大、小面积修补及整车喷涂中有所应用。

4. 镜面装饰涂料

镜面装饰涂料能使车身表面产生"镜面效果"，提高装饰性能的涂料有达壮BC双工序色漆、达壮DG双组分高光泽低温烘漆、达壮D800清漆和达壮D880双组分高膜厚超级清漆。

达壮D800清漆

二、了解橡胶装饰材料

1. 橡胶的性能

橡胶有合成橡胶和天然橡胶两类。合成橡胶主要有丁苯橡胶、丁基橡胶和丁腈橡胶等。

2. 橡胶在汽车上的应用

汽车上有很多零部件用到橡胶材料，占到整车重量的3.5%~8%，是继钢铁后的第二大应用材料。**在汽车中常用到的橡胶件主要有轮胎类、密封胶条类、管路类、传动类、减振类等。**

 你学会了吗?

1. 喷涂装饰用材料的种类有哪些？
2. 橡胶装饰材料的性能是什么？

第6天 汽车常用内饰材料有哪些

学习目标

1. 了解布饰面料的种类和用途
2. 了解皮革面料及其特点
3. 常用胶黏剂的特点和作用

一、布饰面料

一般用来制作坐垫、座套、顶棚、地毯等，根据面料的特点可分别选棉、毛、化纤等。布饰面料按其原材料的组成，可分为纯棉织品、纯毛织品、化纤织品和混纺织品。

1. 纯毛织品

1) 产品性能：有较好的保温性和透气性，比棉制品强度高，制品不易染色、易被虫咬、易变形、不易清洗。

黑色织物坐垫

座套

2）用途：是汽车装饰的主要材料，可作顶盖、内护面内衬、座套、坐垫及地毯等。

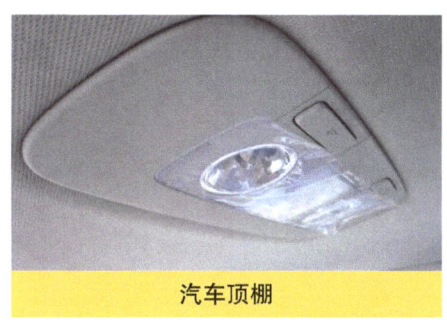
汽车顶棚

汽车地毯

2. 化纤织品

1）产品性能：强度高、寿命长、易清洗、不易变形，大部分易着色，其保温性、透气性差。

2）用途：是汽车装饰的主要材料，可做顶盖、内护面内衬装饰、座套、坐垫及地毯等。

3. 纯棉织品

1）产品性能：有较好的柔软性、保温性和透气性。易涂色、颜色鲜艳；易吸水、强度较差、易变形。

2）用途：在汽车一般装饰中制作坐垫、座套等。

4. 混纺织品

1）产品性能：以棉、毛和化纤为原料，按一定比例制成，具有上述单一原料的优点，有良好的综合性能。

2）用途：是汽车装饰的主要材料，可作内衬装饰、坐套、脚垫及窗帘等。

二、皮革面料

皮革面料是由动物的皮经加工而成，常用的有牛皮、羊皮、猪皮等，是汽车装饰中的高级装饰面料，一般用来制作豪华轿车内的驾驶室座椅、仪表板等。皮革制品的透气性能较好；其缺点是怕水浸湿，浸湿后易变形，使装饰效果变差。

皮革面料中的牛皮以黄牛皮为主，不但面积大，而且很厚，是最佳的皮革装饰材料。羊皮比牛皮薄，有更细腻的皮纹，但强度比牛皮差。猪皮比牛皮面积小，但比羊皮面积大且厚，有较粗的皮质和皮纹。

真皮座椅

真皮仪表板和方向盘

三、常用胶黏剂有哪些

胶黏剂是汽车生产中重要的工艺材料之一，其功能在汽车的结构增强、密封防锈、减振降噪、隔热消音、坚固防松、内外装饰及简化制造工艺、减轻车身重量、促进新型结构材料在汽车上的应用等方面有特殊的作用。

胶黏剂的特点有以下几方面：

1. 焊装工序用胶

这类胶黏剂与油面钢板的附着性较好，一般不用专门设立加热固化设备，不会对清洗、磷化、电泳等涂漆工艺产生任何不良影响。

2. 涂装工序用胶

现在使用的多数是塑溶胶产品，其触变性很好，可以挤涂和喷涂，在中涂漆和面漆施工后不会有变色现象。

3. 焊缝密封胶

有密封、防锈、防漏的重要作用。车底抗石击涂料能抵抗沙石对车底的冲击，使车底的防腐蚀能力提高，延长车体寿命，且能使车内噪声减小。

4. 总装工序及内饰用胶

聚氨酯玻璃在挡风玻璃、侧窗玻璃等的直接粘接密封中有所应用，代替了传统的装配工艺，使整车的安全系数有所提高。内饰用胶有较多的品种，如普遍使用的氯丁橡胶黏接剂、丙烯酸酯压敏胶等，主要用于顶棚内饰材料、车门防水膜、车门板内饰材料等。

5. 发动机和底盘装配用胶

汽车发动机、变速器、底盘装配用胶黏剂主要在各种平面、孔盖、管接头的密封，螺栓和轴的固持锁固等上有所应用。用于避免出现油、气、水泄漏和螺栓松动的情况。

6. 汽车零部件用胶

胶黏剂也会大量应用在汽车零部件生产过程中，如刹车蹄与摩擦片黏接用的蹄片胶、仪表真空吸塑用胶黏剂、滤清器滤芯胶黏剂、车灯用胶黏剂、内饰材料和隔音隔热材料用胶黏剂等。

你学会了吗？

1. 布饰面料的种类有哪些，布饰面料的用途是什么？
2. 不同种类的皮革面料的特点是什么？
3. 常用胶黏剂的特点和作用是什么？

第7天　怎样选择汽车修补漆

学习目标

1. 了解汽车底漆的概念和种类
2. 掌握汽车底漆的作用和技术要求
3. 了解底漆的应用和涂装方式
4. 了解中间涂料的概念和作用
5. 掌握中间涂料的构成
6. 了解面漆的概念和选用要求
7. 掌握汽车修补漆的选择原则

一、你了解汽车的底漆吗

1. 底漆的概念

在经过表面处理的本身部件表面上直接涂装的第一道涂料就是汽车底漆。

2. 底漆的种类

底漆的种类主要有溶剂型底漆和水性底漆。

3. 底漆的作用

在施工物体表面用的第一道漆就是底漆，第一可防止金属表面被氧化，第二可增强金属表面与腻子间的附着力。底漆必须与物质表面和中间涂层相配套，否则将会发生"咬底""揭皮"的现象。

汽车底漆

4. 底漆的技术要求

底漆与底材的附着力要良好，与上面的中涂或面漆要有良好的配套性，还必须具备良好的防腐性、防锈性、耐油性、耐化学品性和耐水性。汽车底漆形成的漆膜还要有合格的硬度、光泽度、柔韧性和抗石击性等机械性能。

5. 底漆的应用

随着汽车工业的快速发展，对汽车底漆的要求越来越高。目前，轿车用底漆几乎已全部使用了阴极电泳底漆。电泳漆是在水性浸涂底漆的基础上发展起来的，它在水中能离解为带电荷的水溶性成膜聚合物，并在直流电场的作用下游向相反的电极（被涂面），在其表面上沉积析出。采用电泳涂装法时，被涂物必须是电导体。电泳底漆根据电泳涂装方式的不同，可分为阳极电泳底漆和阴极电泳底漆。电泳底漆使用的成膜聚合物是阴、阳离子型树脂，中和剂为有机胺或

阴极电泳底漆

有机酸，一般选用钛白和炭黑等作颜料。

6. 底漆的涂装方式

汽车用溶剂型底漆主要选用硝基树脂、环氧树脂、醇酸树脂、氨基树脂、酚醛树脂等为基料，通常以氧化铁红、钛白、炭黑及其他颜料和填料作颜料，有喷涂和浸涂两种涂装方式。

二、了解一下中间涂料吧

1. 中间涂料的概念

中间涂料就是用于汽车底漆和面漆或底色漆之间的涂料。

2. 中间涂料的作用

中间涂料能牢固地附着在底漆表面，也能轻易与其上面的面漆涂层相结合，起到承上启下的作用。其耐潮性和打磨性都较好，能封闭底层的小缺陷，使漆面丰满度提高。

3. 中间涂料的构成

腻子、二道底漆和封闭底漆都是涂料配套涂层的中间层，腻子用来填补被施工物件的不平之处，一般呈厚浆状，涂层的机械强度差，易脱落；封闭漆，通常用在装饰性要求较高的涂层中，这种涂层要求在涂面漆之前涂一道封闭漆，以填平上述底层经打磨后遗留的痕迹，从而得到令人满意的平整底层。

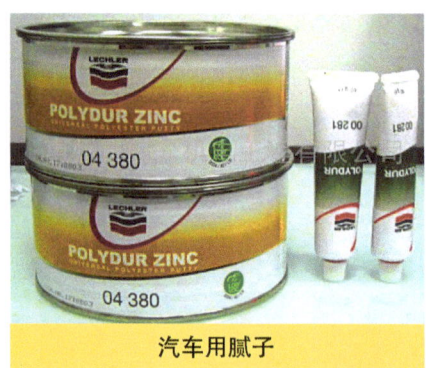

汽车用腻子

刮腻子

三、面漆原来是这样的

1. 汽车面漆的概念

汽车用面漆是汽车整个涂层中最后一层涂料，决定了涂层的耐久性能和外观等。汽车面漆是整个涂膜的最外一层，这就要求面漆具有比底漆更完善的性能。首先，耐候性是面漆的一项重要指标，要求面漆在极端温变湿变、风雪雨雹的气候条件下不变色、不失光、不起泡和不开裂。面漆涂装后的外观更重要，要求涂膜外观丰满、无橘皮、流平性好、鲜映性好，从而使汽车车身具有高质量的协调性和外形。另外，面漆还应具有足够的硬度、抗石击性、耐化学品性、耐污性和防腐性等性能，使汽车外观在各种条件下均保持不变。

汽车面漆

2. 汽车面漆的要求

面漆应具有足够的硬度、抗石击性、耐化学品性、耐污性和防腐性等性能，使汽车外观和各种条件下保持不变。

3. 汽车面漆选用要求

面漆所采用的树脂基料基本上与底层涂料相一致，但其配方组成却截然不同。选用的面漆对施工工艺要有较好的适应性，因某些场合对装饰性的要求高，所以面漆要有优良的抛光性能，且还应具有较好的重涂性和修补性。面漆涂膜应坚硬耐磨，有足够的抗石击性和硬度，防止汽车在路面沙石的冲击和摩擦作用下产生划痕。对面漆涂层防腐蚀性能的要求虽比底层漆低，但在与底漆配套后，仍应增强整个面漆涂膜的防腐蚀性。

四、如何选择汽车修补漆

1. 对底漆的选择原则

满足基本材料和不同档次汽车对底漆的要求；满足地域气候条件的特殊要求；在车辆维修中，满足面漆对底漆性能的要求。

2. 对中涂层的选择原则

中涂层材料要满足与底漆和面漆附着力的要求；在保证涂装质量的前提下，有较高的生产率，且施工方便、效益好。

3. 对面漆的选择原则

满足各层次汽车外表的要求；满足底漆环境对面漆的"三防要求"；满足与底漆和中涂层漆结合力的要求；在保证面漆质量的前提下，要求施工方便、有较好的涂装效益。

你学会了吗？

1. 汽车底漆的概念和种类分别是什么？
2. 汽车底漆的作用和技术要求有哪些？
3. 底漆的涂装方式包括哪些？
4. 中间涂料的概念和作用分别是什么？
5. 中间涂料有哪些构成？
6. 面漆的概念和选用要求分别是什么？
7. 汽车修补漆的选择原则是什么？

第三章
认识这些美容工具和设备

第8天 你知道汽车美容常用工具与设备有哪些吗

学习目标

1. 掌握汽车美容的清洁工具的优缺点和使用方法
2. 掌握汽车美容的除锈工具的优缺点和种类
3. 熟悉汽车美容的刮涂工具
4. 熟悉汽车美容的涂刷工具
5. 熟悉机械打磨的工具种类并掌握其优缺点
6. 了解手动打磨工具的辅助材料
7. 了解洗车的工具
8. 了解洗车设备的分类
9. 掌握冷热水高压清洗机的性能和特点

一、汽车美容技师一定要会用的清洁工具

汽车美容常用的清洁工具包括：海绵、毛巾、洗车手套、空气清洁枪、麂皮、车巾等。

1. 海绵

1）优点：海绵有较好的弹性、柔软性和良好的吸水能力，对漆面具有保护作用。用海绵清洗汽车时，沙粒和尘土很容易被深藏在气孔内，这样可以避免清洗工具对车身产生划痕。

2）使用方法：在清洗车面时，用海绵适量吸收已配好的洗车液，可把汽车漆面上附着力强的污垢清除掉。

海绵

2. 毛巾

在汽车美容作业中，毛巾是最常用的工具之一。专业的汽车美容场所要准备多种类的毛巾，比如大毛巾、小毛巾、干毛巾、半湿毛巾、湿毛巾等。

1）使用场合：擦拭和手工清洗车身表面时用大毛巾；小毛巾主要在擦洗车内凹槽和内饰部件等处的污垢时有所应用；在清洗车窗玻璃时，湿毛巾、半湿毛巾、干毛巾要综合使用。

2）注意：用毛巾擦拭汽车时，沙粒和尘土很容易被深藏在毛巾内，这样会对车身产生划痕，所以要注意经常清洗毛巾。

毛巾

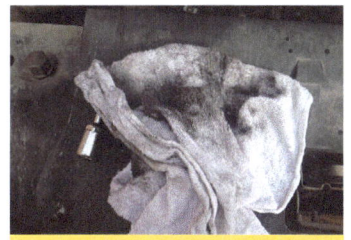

要废弃的毛巾

3. 洗车手套

在擦洗车身时，会用到洗车手套。

1）优点：它上面的绒毛可以吸纳灰尘，在擦拭车身漆面时，可以防止对车面造成划痕。

2）注意：未经清洗的车辆不能直接用洗车手套进行擦拭，否则车身上的沙粒和灰尘会使车辆出现"发丝刮痕"。

4. 空气清洁枪

主要用于清洗汽车内饰件，同时也可将车窗、后视镜等处的残余水珠清除掉。

洗车手套

注意：
1）工作时，清洁枪的压力不能超过10kgf/cm²，以免损伤清洁枪。
2）使用前要测试是否对清洁物有损坏，特别是过旧的车辆。
3）使用专用清洗液，以免损坏清洁枪的零部件。
4）禁止对着人吹风。
5）施工完成后将清洁枪清理干净，放在干燥通风处。

无法实现清洁功能的空气清洁枪，如果无法修复，即可报废。

5. 麂皮

1）优点：麂皮的质地柔软，有良好的韧性和耐磨性，且能防静电。在擦拭车身时，使用麂皮会使其很快干燥，无水痕留下，也不会划伤车身，因此在洗车作业中，麂皮有着非常广泛的应用。

2）使用窍门：为延长麂皮的使用时间，在擦拭车表时，要先用毛巾把车身擦干后，再用麂皮进一步擦拭。

空气清洁枪

6. 车巾

车巾是最新研制出来的汽车专业清洁产品。清洁剂通常呈强酸或强碱性，通过和污垢发生中和化学反应达到去污效果，但强酸或强碱会损坏车表，对人体的健康也不利。用车巾去污时，其特有的乳化液会结合车表的污垢，使之软化、松脱后，再将其除去。乳化液的pH值为7.0，所以无论污垢是酸性还是碱性都能被去除，且环保无害。

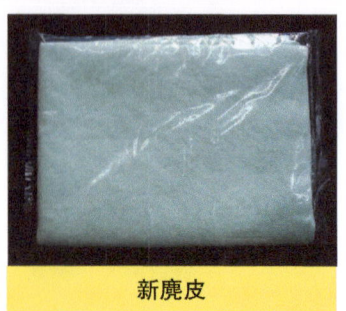
新麂皮

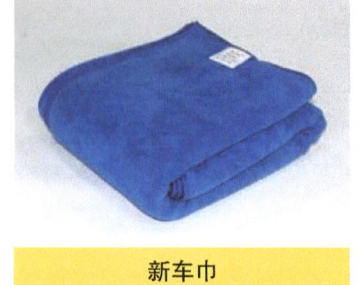
新车巾

二、汽车美容技师一定要会用的除锈工具

汽车美容常用的除锈工具主要包括扁铲、锉刀、刮刀、电动砂轮、气动枪、电动锤、湿喷砂机、干喷砂机、刮灰刀、牛角板、钢片刮板、橡胶刮板和一些涂刷工具等。

1. 手工除锈工具

1）优点：在所有除锈方法中，手工除锈最为简便。因其不受任何限制，所以在小工作量的除锈处理中仍有广泛应用。

2）缺点：除锈的效率低、效果差且操作费力。

3）工具种类：主要使用刮刀、扁铲、钢丝刷、锉刀、废砂轮片、纱布等工具。

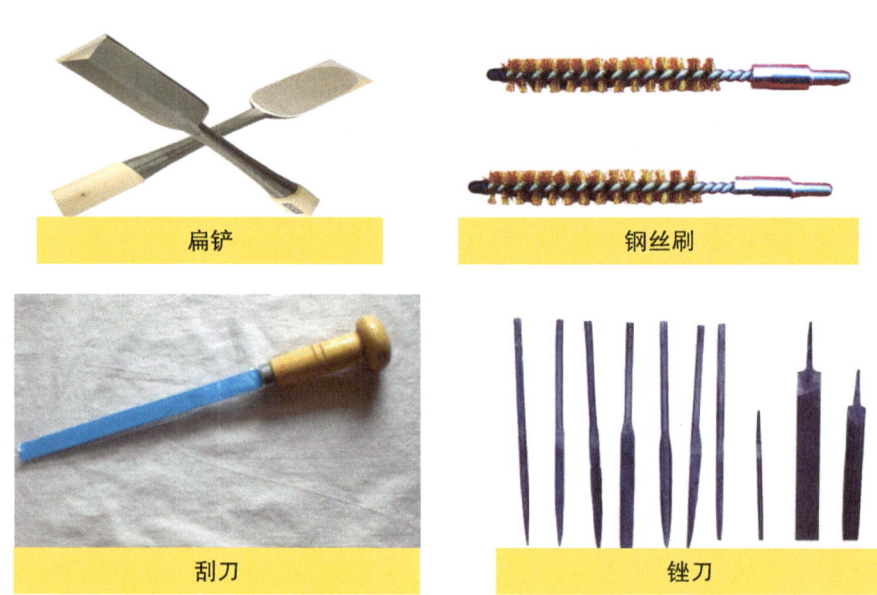

扁铲　　　　　　　　　钢丝刷

刮刀　　　　　　　　　锉刀

2. 机械除锈工具

1）除锈机理：机械除锈工具利用机械产生的冲击和摩擦作用进行除锈。

2）优点：机械除锈工具的作业效率高且质量好，适合大面积或批量的汽车除锈。

3）分类：机械除锈工具根据其动力装置分为气动除锈工具和电动除锈工具。常用的电动除锈工具有电动砂轮、电动锤、电动刷等；气动除锈工具以压缩空气为动力，带动机器进行作业，常用的气动除锈工具有气动枪、气动砂轮、气动防锈锤等。

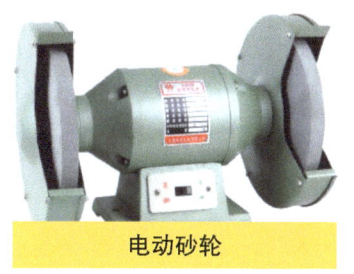
电动砂轮

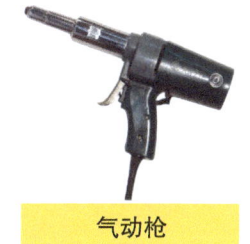
气动枪

3. 喷砂除锈工具

1）分类：喷砂除锈工具有主要有干喷砂机和湿喷砂机等。在汽车美容中，湿喷砂机是最常见的除锈工具。

2）除锈机理：喷砂除锈以压缩空气为动力，将磨料以一定速度喷在被处理物的表面，以除去铁锈。

3）优点：用此方法作业效率高且效果好。

4）使用窍门：如果在磨料中添加适量的水，以全湿的磨料喷在车身表面，可有效清除氧化皮和旧涂层。若在水中添加适量的缓蚀剂，则可防止返锈。

湿喷砂机

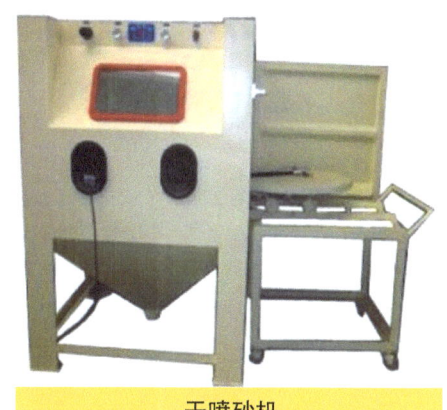
干喷砂机

三、必须使用的刮涂工具

刮涂工具主要包括刮灰刀、牛角板、钢片刮板和橡胶刮板等。

1. 刮灰刀

1）构成：刮灰刀是由木柄和刀板构成的，木柄由松木、桦木等制成，刀板的规格有宽、窄等多种。

2）应用：在不同的场合有所应用，操作简便。

2. 牛角板

1）构成：牛角板由优质的水牛角制成，操作简便，可来回左右刮涂。

2）应用：在修饰腻子的补刮中有广泛应用。

3）保管：使用完牛角板后，为防止其变形，应清洗干净，放在木夹上存放。

3. 钢片刮板

1）构成：钢片刮板由弹性极好的薄钢片制成，有较好的弹性，刮涂轻便，作业效率高。

2）应用：在局部刮涂和全面刮涂中都可使用。小轿车、大型客车等表面的腻子刮平用钢片刮板较合适。

4. 橡胶刮板

1）构成：橡胶刮板是由耐油，耐溶剂和膨胀系数小的橡胶板制成的。要根据需要确定其外形尺寸和形状。

2）优点：橡胶刮板有极好的弹性，刮涂方便，可根据物面形状进行刮涂，以使腻子层平整。

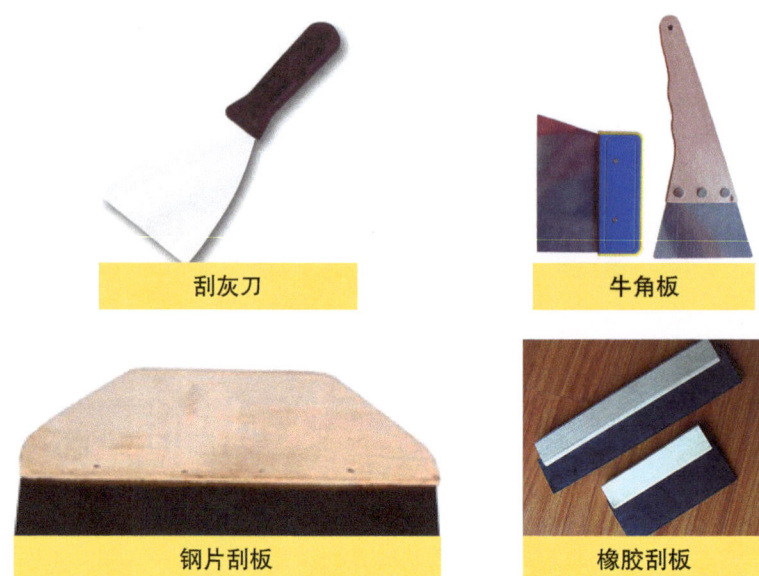

刮灰刀　　牛角板　　钢片刮板　　橡胶刮板

四、必须使用的涂刷工具

漆涂工具主要有漆刷、画笔、毛笔、盛漆容器等。

1. 漆刷

1）种类：漆刷的种类很多，<u>根据形状可分圆形，扁形，歪脖形三种</u>；根据制作材料可分为硬毛刷和软毛刷；硬毛刷的主要构成部分是马鬃和猪鬃；按制作尺寸有12mm、19mm、25mm、38mm、50mm、65mm等。

2）构成：软毛刷的主要构成是狼毫、山羊毛、猫毛等。

3）应用：圆形毛刷分大圆毛刷和椭圆毛刷两种，直径分大小不等的尺寸，比较适合刷涂粗糙的部件。扁形毛刷有硬毛、软毛两种，多用猪鬃制成硬毛刷、用羊毛制成软毛刷。在刷涂稀涂料时，多用软毛刷，因其有较大的吸漆量、较轻的刷痕且流展性好，因此在刷涂品质要求高的物件时使用。

2. 毛笔和画笔

应用：在涂装作业中，毛笔和画笔用来描字、画线、涂刷难以涂到的部位和局部补漆用。长杆画笔是常用的画笔，毛笔则以狼毫为好。

漆刷

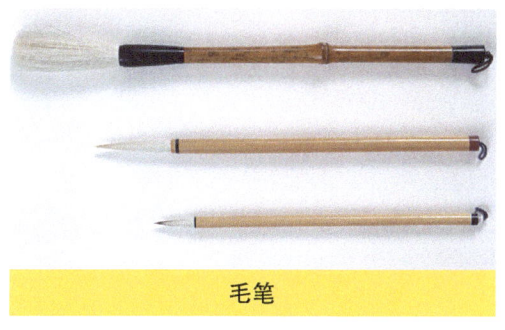

毛笔

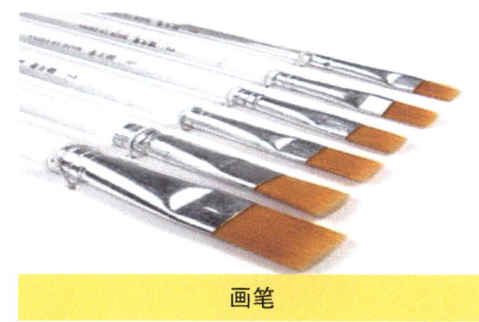

画笔

五、不可或缺的打磨工具

1. 手工打磨工具

手工打磨主要用砂布包垫板进行打磨。垫板有木质和橡胶质的，木板可选用180～200mm、宽50～60mm、厚20～30mm的平直木板；橡胶块可用18～20mm、长宽相应的厚橡胶板剪制而成。打磨工具的辅料是砂纸和砂布，砂纸分水砂纸和木砂纸，木砂纸主要在磨光木制品表面时有所应用；水砂纸涂有耐水材料，不惧水，能水磨。

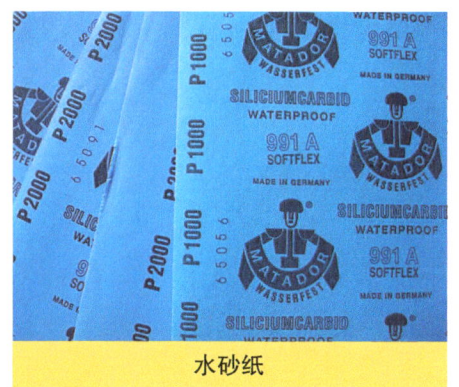

水砂纸

木砂纸

2. 机械打磨工具

常用的机械打磨工具有很多种类，根据其动力装置可分为电动打磨工具和气动打磨工具。

（1）电动打磨工具　主要在清除钢铁表面的铁锈和旧涂层时应用，其优点是噪声小、振动轻、有较少的粉尘出现，但不适合水磨，一般比气动打磨工具的质量大些。

（2）气动打磨工具　主要有风磨机、风动砂轮、钢丝轮等。和电动打磨工具的作用一样。其优点是质量轻、速度较快、体积小、磨平质量好，且能水磨。

电动打磨机

气动打磨机

六、洗车工具就是这么简单

1. 外用湿性海绵

湿性海绵"藏污纳垢"的能力应良好，沙粒和尘土很容易被海绵深藏在气孔内，这样可以避免清洗工具对车身造成划痕，让海绵适量吸收已配好的洗车液，可轻易把汽车漆面附着力强的污垢清除掉。

2. 毛巾

1）分类：毛巾分为半湿性大毛巾、半湿性小毛巾、干性小毛巾和干性大毛巾。

2）使用方法：用清水浸湿大毛巾，然后拧至半湿状态，能使擦车的速度提高，且可使擦车的时间缩短，通常在麂皮擦车前的预处理中多有应用；半湿性的小毛巾在擦洗门边污垢和车身沿处的泥沙时多有应用；用半湿性毛巾擦完车身后，为使车身表面更干净，可用柔软且不易脱毛的干性小毛巾擦拭，使车身表面的水痕被擦净。

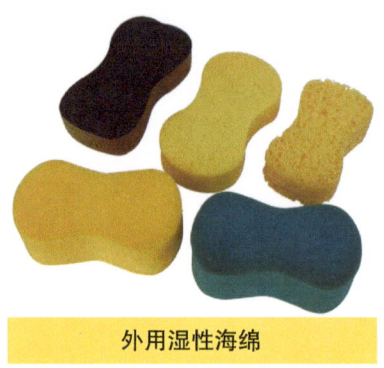
外用湿性海绵

毛巾

3）应用：板刷主要应用于清除轮胎、挡泥板等处附着的泥土垢，由于上述部位附着了较厚的泥土，要冲洗干净实属不易，所以在洗车时要有针对性地进行刷洗。

4）选用：板刷最好选用鬃毛刷，鬃毛板刷不仅具有非常好的韧性和耐磨性，还可以减小刷洗作业对橡胶、塑料件产生的磨损。应注意，最好不要使用塑料纤维板刷。

5）麂皮：麂皮在洗车作业中有非常广泛的用途，主要用于擦干车表面。它之所以十分受到车主的欢迎，不仅因为它质地柔软，对漆面有良好的保护能力，更主要的原因是它具有十分出色的吸水能力，尤其是对车身表面及玻璃水膜有极佳的清除效果。但在洗车作业中擦干车身表面时，最好先用毛巾或浴巾进行擦拭，再用麂皮进一步擦干，以利于延长麂皮的使用寿命。需要注意的是，在选用麂皮时，应尽可能选择较厚的，因其皮质的韧性良好，耐磨性也十分出众。

板刷

麂皮

七、清洗设备不见得有那么复杂

1. 清洗设备的分类

汽车清洗设备有很多种类，通常可按其结构形式、对水的利用程度、车辆移动路线等来分类。按设备的结构形式，可分为固定式、可移动式和车载式三种。

> 在选择清洗设备时，要根据其类型及特点，把握以下原则：若企业的清洗作业量大，则固定式清洗设备是较好的选择。常见的固定式清洗设备有四滚刷清洗台、龙门式清洗机等。如果企业的清洗作业量小，应选用可移动式清洗机。根据地理位置和季节特点，在冬季时，北方适合选择调温式清洗机，以适应清洗作业的需要。

（1）固定式清洗设备

1）特点：具有较高的清洗作业效率和较低的劳动强度。

2）分类：固定式清洗设备根据清洗方式的不同，可分为喷射冲洗式和滚刷刷洗式；根据清洗过程中车辆的移动路线，固定式清洗设备可分为直通式和尽头式两种，直通式清洗设备为流水作业。

3）优点：作业效率高。

4）缺点：占地面积大，价格昂贵。

（2）可移动式清洗设备　属于小型清洗设备，车辆在清洗工位上进行清洗。

1）优点：操作方便，灵活机动。

2）缺点：通常是单喷嘴，有较小的出水量，作业效率低。

| 固定清洗设备 | 可移动的清洗设备 |

（3）车载式清洗设备　车载洗车器因具有体积较小、携带方便和洗车省时，常被人们称为便携式洗车器或者家用洗车器。

1）工作原理：和农业上使用的喷雾器一样，车载洗车器是通过一定的加压方式，使压力管内压力增大，从而对吸进高压管内的水施加一个较强的压力，当人们打开喷头的时候，压力管内的水就会以较快的喷射速度喷射出来。

2）分类：车载洗车器从结构造型上看主要分为三大类，分别是手动洗车器、脚踏式洗车器和电动洗车器。

3）特点

① 手动洗车器。体积一般在10L左右，出水口的地方一般都配备一个软毛刷子。工作的时候出水口喷射的水流和刷子协同工作，刷子把车上的污垢刷下来后，出水口的水流再把污垢冲

洗下来，从而达到清洗效果。这种洗车器主要靠手工压力给压力管施压，主要目的是把储水箱内的水喷射出来供刷洗的时候使用。这种洗车器几乎没有喷射力度，主要用于局部清洗和对轻度灰尘的清洗。

② 脚踏式洗车器。这种洗车器是最近才刚刚流行的洗车器，主要采用压力管和储水箱分离的设计理念，由一个进水管、一个压力管和一个脚踏气囊组成。压力管只有一个水杯那么大，因此携带就更为方便。洗车的时候只需要把进水管放到水源中就可以洗车了。这种洗车器的原理和工作方式与手动洗车器大致相同，靠毛刷和出水口的水流协同清洗。此种洗车器也主要是用于清洗轻度灰尘，清洗效率较低。

③ 电动洗车器。这种洗车器体积较大，一般在 20~30L，除了配备有一个洗车毛刷外，还配备有一个洗车水枪，因为这种洗车器靠电动机产生较大的压力，可以压射出具有较大喷射力度的水流，因此对一些比较顽固的污垢具有很好的清洗效果，喷射枪头可以由出水口开关控制喷射水雾或者水柱，有的水柱可喷射 7m 左右。一般这种洗车器都带有自己的供电系统，电池充满电后可以洗车 3~4 次。这种洗车器的洗车效果和效率都比前两种洗车器高，价格也会偏高一些，一般在 300 元左右。

手动洗车器

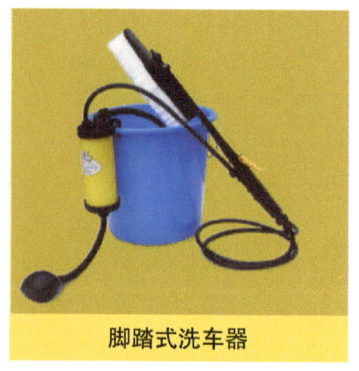

脚踏式洗车器

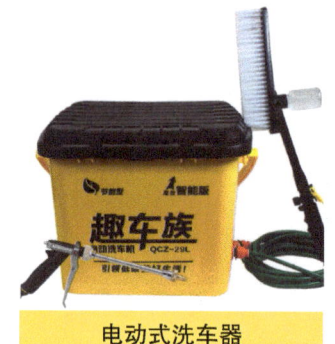

电动式洗车器

2. 冷热水高压清洗机

（1）冷热水高压清洗机的结构及性能　冷热水高压清洗机属于小型清洗设备，轻便灵活，具有良好的使用效果。此类清洗机要想进行工作，还需与之配套的部件，如各种规格的喷枪、进水软管和出水软管、洗刷用的毛刷等。

冷、热水高压清洗机通常由水泵、加热装置和传动机构等组成，安装在轻便的小车上，获取高压水流时，通常采用柱塞式水泵，一般以自来水做水源，若用其他水源，如水池中的水，为避免影响清洗质量，需进行过滤处理后才可使用。

高压水流的压力和流量都是可以调节的，热水的温度也可以调节。在现代的高压清洗系统中，备有各种相配套的装置，也备有各种控制和保护系统，同时还装备有全套喷嘴，其可获得各种不同形式的水流，这些装置可完成加洗涤剂或不加洗涤剂、低压或高压等不同需要的清洗作业。

不同款式的泡沫清洗机

（2）冷、热水高压清洗机的特点

1）结构紧凑。冷、热水高压清洗机的结构紧凑，安装在小车上，使用时灵活轻便。

2）作业效率高。用热水冲洗比蒸汽清洗效率高且成本低。

3）有利于保护环境。如果在冲洗时用热水，就不必用化学药品和试剂，从而有利于保护环境。

4）清洗质量好。冲洗时用热水，有利于清除油污和泥土，同时还不会损伤涂膜表面，清洗质量好。

5）清洗范围广。因为这种清洗方式简单灵活，对各式的车辆和零部件的清洗都适用，如大、中、小型车辆的车内外的清洗、部件和零件的清洗、除污和除尘、新车打蜡等都可使用。

3. 泡沫清洗机

泡沫清洗机的工作原理是压缩空气，在设备内部产生一定的压力，然后将设备内调配好的泡沫状清洗液通过设备配置的系统喷射到需要清洗的汽车车身表面，经过化学反应后能有效地进行去尘和去污。据相关的数据统计，采用泡沫清洗机后，清洗一辆汽车的材料成本不到0.20元，有着十分明显的成本优势。

不同款式的泡沫清洗机

4. 水枪和气枪

高压清洗机和空气压缩机配套使用的重要清洗设备分别是水枪和气枪。它们有很多的种类，有的带快速接头，可作快速切换；有的带长短接杆，使用时更加方便快捷。

由于水枪和气枪会承受很高的工作压力且经常使用，所以比较容易出现泄漏和损坏的情况。

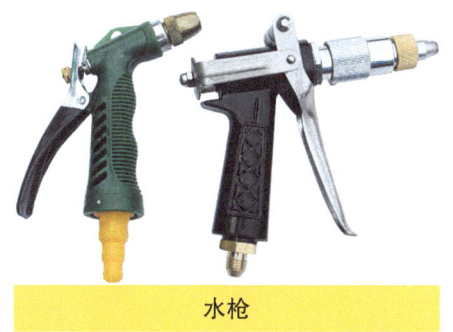

水枪

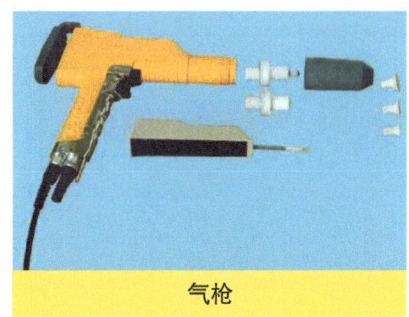

气枪

你学会了吗？

1. 汽车美容的清洁工具的优缺点和使用方法分别是什么？
2. 汽车美容的除锈工具的种类包括哪些？
3. 汽车美容的刮涂工具有哪些？
4. 汽车美容的涂刷工具有哪些？
5. 机械打磨的工具种类包括哪几种？
6. 手动打磨工具的辅助材料有哪些？
7. 洗车的工具包括哪些？
8. 洗车设备的分类包括哪些？
9. 冷热水高压清洗机的特点是什么？

第9天　一定要会用汽车修补涂装设备

学习目标

1. 了解喷漆室的作用
2. 熟悉喷漆室的几种常见类型的特点
3. 了解空气压缩机的分类和不同的空气压缩机的工作原理
4. 掌握如何选用空气压缩机
5. 熟悉干燥设备的分类及其特点
6. 熟悉几种常见的辅助工具及其作用
7. 了解喷枪的分类
8. 掌握喷枪的选用原则

一、喷漆室原来是这样的

喷漆室是提供涂装作业专用环境的设备。在喷漆室中制造的人工环境的温度、湿度、照度、洁净度等能满足涂装作业的需求；对操作者的安全有保护作用；可治理涂装作业的废物排放，避免污染环境，也就是说，能及时从喷涂的现场清除喷涂涂装时产生的雾粒，从而使涂装质量得到保证，保护环境，保证操作者的安全，一般在具有局部排水设施的小室内进行喷涂作业。

<u>喷漆室分为干式喷漆室、湿式喷漆室、水帘式喷漆室、油洗式喷漆室、无泵喷漆室、水旋式喷漆室等</u>。干式喷漆室一般经过排气、滤清器捕集涂料

喷漆室

雾粒、用挡板吸附雾粒、强制通风等步骤来处理涂料雾粒，但事后要对挡板进行清扫，要经常更换滤清器，因此不适于大批量的涂装。湿式喷漆室用水幕吸收或吸附涂料雾粒，喷漆室能持久连续使用，净化漆雾的效率高，操作维护简便，不会排放任何废水，安全干净，有较高的优越性。在水帘式喷漆室中，作业员利用大气的正负压，在头顶安装空气进口，在喷漆台前面安装水帘墙，水帘墙后面有大功率风机抽气，头顶到水帘墙后面形成空气对流，空气通过水帘墙将油气离子过滤到水里。

干式喷漆室

湿式喷漆室

水帘式喷漆室

油洗式喷漆室

无泵喷漆室

水旋式喷漆室

二、空气压缩机不难用

空气压缩机是气源装置中的主体，也是压缩空气的气压发生装置，能将原动机（通常是电动机）的机械能转换成气体压力能。空气压缩机有很多种类，按工作原理可分为容积式压缩机和速度式压缩机。压缩气体的体积，增加单位体积内气体分子的密度以提高压缩空气的压力是容积式压缩机的工作原理；速度式压缩机的工作原理是使气体分子的运动速度提高，使其具有的动能转化为气体的压力能，从而使压缩空气的压力提高。

主要依据气动系统的工作压力和流量来选择空气压缩机。因供气管道的沿程损失和局部损失要被考虑在内，因此，气源的工作压力应比气动系统中的最高工作压力高20%左右。若系统中某些地方的工作压力要求较低,则在供气时可以采用减压阀。空气压缩机的额定排气压力分为低压(0.7~1.0MPa)、中压(1.0~10MPa)、高压(10~100MPa)和超高压(100MPa以上),可根据实际需求来选择。常见的使用压力通常为0.7~1.25MPa。首先,根据空压机的特性,选择空压机的类型,再按气动系统所需要的工作压力和流量来确定空压机的输出压力(pc)和吸入流量(qc),最终选取空压机的型号。

直接用电动机驱动压缩机,从而让曲轴产生旋转运动,带动连杆使活塞产生往复运动,使气缸容积发生变化。因气缸内压力的变化,通过进气阀使空气经过空气滤清器(消声器)进入气缸,在压缩行程中,由于气缸缩小了容积,压缩空气受到了排气阀的作用,经排气管、单向阀(止回阀)进入储气罐,当排气压力达到额定压力0.7MPa时,由压力开关控制而自动停机。当储气罐压力降至0.5~0.6MPa时,压力开关自动连接起动。

容积式压缩机

速度式压缩机

三、干燥设备如此简单

1. 对流式干燥设备

大多是采用蒸汽、电热、燃油热风发生器,利用废油喷烧等方式间接加热,从而使涂层的表面干燥。

2. 辐射式干燥设备

此种方法是将热能转变为各种波长的电磁振动的辐射能,利用辐射能来使涂膜干燥。常用的设备有红外线干燥设备等。

3. 感应式干燥设备

这种方法是利用电磁感应加热,常用的设备有高频加热器等。在汽车行业中,常用的干燥设备有电热烘箱、烘干室、烤漆房等。

辐射式干燥设备

电热烘箱

烤漆房

烘干室

四、辅助工具作用大

1. 钢丝刷

主要应用在汽车钣金表面的除锈工作中,用来保证原子灰或底漆在金属表面有优良的附着力。

2. 腻子板

原子灰应在腻子板上搅拌均匀后再进行涂抹,避免出现涂抹后原子灰闪干不均或脱落等现象。

钢丝刷

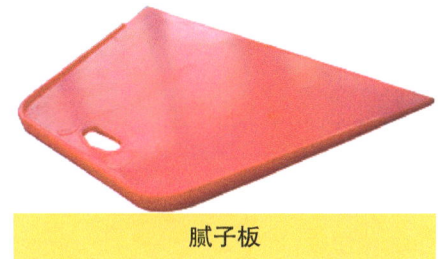
腻子板

3. 钢刮片

在填补原子灰时有所应用,熟练掌握刮抹方法可使修磨时间大大减少。还需修磨垫板,通常是自制扁木块,能配合各种型号不同的砂纸修磨大面积填补的原子灰及高填补率底漆。

4. 砂纸

在原子灰或底漆闪干后的修磨中有所应用,可给喷涂修补面漆提供良好的基底。

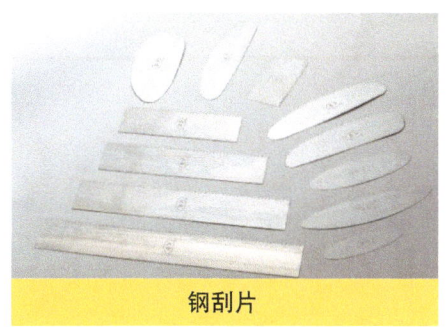
钢刮片

砂纸

五、使用喷枪时要注意

喷枪有很多种类和型号,通常有以下几种分类方法:按喷嘴类型分为对嘴式喷枪和扁嘴式喷枪两种;**按供漆方式,有虹吸式、重力式、压送式三种。**维修企业要根据施工对象的不同来选择喷枪。对于普通客车、货车的漆面喷涂，可以选用PQ—1型国产喷枪，其有价格较低而且便于进行维护。如果在施工中对涂装质量要求较高，宜选用国产扁嘴虹吸式喷枪或进口喷枪。

要根据维修施工作业量大小来选择大、中、小型喷枪。小型喷枪的出漆量为每分钟少于100g，中型喷枪的每分钟出漆量在180g左右，大型喷枪的每分钟出漆量在200g以上。通常来说，多采用大口径喷枪来喷涂底漆，喷涂中间涂层时采用中口径喷枪，喷涂面漆时多采用小口径喷枪。在专门漆面修补施工中，也可选用专门的修补用喷枪。

只有喷枪是无法实现涂装施工的，还需要按照涂装施工的条件和要求，选配合适的空气压缩机、空气过滤器及导气软管，具体配置时可参照不同喷枪的有关说明进行。

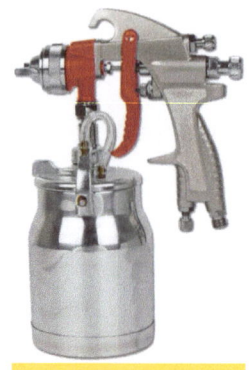
虹吸式喷枪

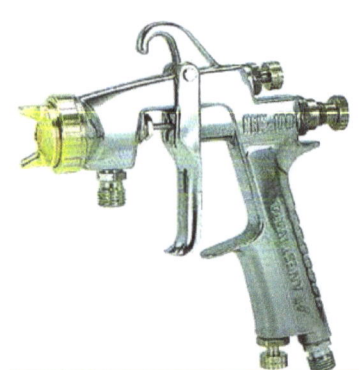
重力式喷枪

压送式喷枪

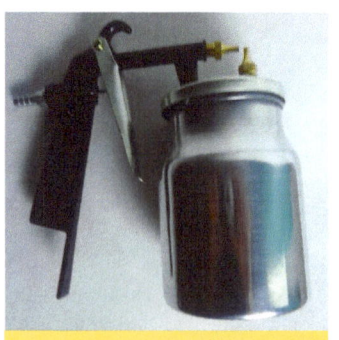
PQ—1型国产喷枪

你学会了吗？

1. 喷漆室的作用有哪些？
2. 喷漆室的几种常见类型的特点是什么？
3. 空气压缩机可以分为几类？不同类型的空气压缩机的工作原理分别是什么？
4. 如何选用空气压缩机？
5. 干燥设备分为几类？它们的特点分别是什么？
6. 几种常见的辅助工具分别是什么？它们的作用是什么？
7. 喷枪可以分为几类？
8. 喷枪的选用原则是什么？

第四章
合格的汽车美容师必须掌握漆面美容与修复技术

第10天 学会洗车是第一要务

学习目标

1. 了解新车清洗的必要性
2. 了解汽车清洗的一般用具
3. 掌握如何连接水枪
4. 掌握汽车车身的清洗要点
5. 熟悉汽车清洗的技巧

一、准备洗车用具

绝大多数车主一定会为新车先做室内装饰，但却忽视了外部车漆，也就是车体本身才是最需要养护的地方。**如果不注意首次车面养护或开蜡不得当，将会给日后的用车、养车带来麻烦。**

新车漆面虽无老化问题，但在使用前也应该做彻底的保护处理，因为从出厂到运输到停车场，车面漆已经接触了空气、酸气、灰沙等并开始进入了氧化程序。及时、正确的养护将会使爱车青春永驻。

第一次清洗汽车马虎不得，如果清洗不当，损伤了外表的亮油部分，那车就不是越洗越亮，而是越洗越暗了。最好是去室内无尘手工洗车房，选用中性温和的洗涤剂，必须把车漆表面的沙粒、污垢清除干净。据汽车美容专家介绍，有些污垢是用肉眼看不出来的，像树胶、碱、酸等，都应该彻底清除。简单地用洗涤剂是去不掉这些污垢的，必须用专用去污黏土一点点地擦拭。

全车清洗完毕后，再用振抛机将"釉"封入车漆。封完釉的车在一年之内不用再打蜡，只用清水清洗后以干净的麂皮擦干净即可，而且能防氧化、防紫外线、保护车漆不会褪色，让人有一种永驾新车的感觉。最后，必须在轮胎、保险杠、轮眉等部位涂上相应的保护剂，以防其老化。

1）准备好水桶、洗车巾、洗车海绵、轮胎光亮剂、水枪、长水管、快接头。

2）带绒毛的橡胶手套，以防冬天洗车时冻手。
3）清洁剂，不能用清洁精、洗衣粉之类的，会伤车漆。
4）一瓶表板蜡，可清洁塑料、轮毂等物件。

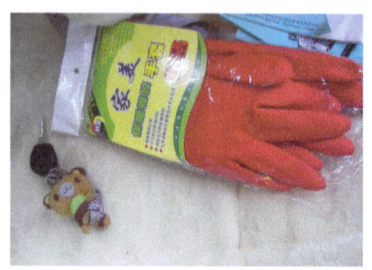  

二、如何连接水枪

1）水管两端要分别安装快接头。
2）装好快接头。
3）将快接头与水枪连接。
4）将水枪与快接头连接紧。
5）两端都装好了快接头的水管。
6）这是水龙接头。
7）水管的另一端也接上快接头，并与水龙头连接。

 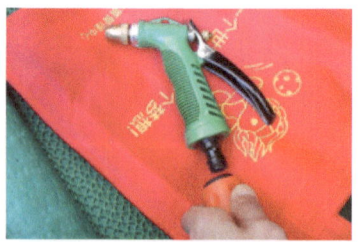

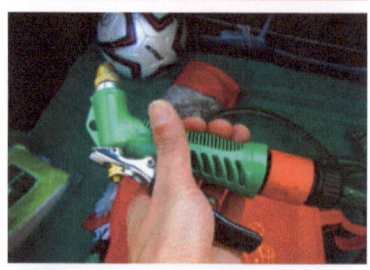 

三、如何清洗车身

1）先用水枪把全车冲洗一下,记得应该先冲车顶,然后是车头、车尾,再是两侧,最后是轮胎、轮毂。

2）先倒少许洗车粉在水桶之中,然后用水枪冲水,并不断晃动手腕,使其溶解均匀且泡沫丰富。

放入少许洗车粉　　　　　冲出泡沫后的效果

3）把洗车海绵放进去并充分吸收,然后开始洗车。
① 先从车顶开始洗。
② 然后是车头和车尾。
③ 车身洗完之后,再用刷子蘸上洗车液。
④ 最后用刷子把轮胎和轮毂洗刷干净。

四、洗车有哪些技巧

每天保持汽车外表光鲜亮丽，是每一位车主的愿望。这样一来，每天自己看到它时才会有个好心情，开出去也会很吸引眼球。但随着使用的增加和外界的因素，汽车经常会变成"小花脸"，再加上不及时清理和保养，想让它保持新车的光鲜亮丽是不可能的。这里给大家总结几个小技巧，来增加汽车的光鲜度吧。

技巧一：若不锈钢饰条有锈斑时，可用去污黏土除去锈斑，再用除垢剂擦亮。

技巧二：当车身上有泥污时，应用海绵蘸清洗剂擦洗全车，再用清水冲洗、擦干。

技巧三：若轮胎、钢圈上有油污，可先用除垢剂或清洗剂对其加以清洗，再喷上轮胎保养剂，即可拥有乌黑亮丽的轮胎和光亮如新的钢圈。

技巧四：车身上有油污时，可将除垢剂喷在油污处使其溶化，再以清洗剂清洗，即可将其除去。

技巧五：全车身被清洗干净后，不要忘了用湿毛巾蘸上保养乳液擦拭全车，这样再用干毛巾擦拭便可使车身亮丽光滑。

技巧六：若保险杠上有油污或出现泛白现象时，可先用清洗剂以硬刷清洗，待干后再喷上皮革保养剂，保险杠便将光亮如新。

技巧七：洗车前先将发动机熄火，避免因发动机过热而烘干清洗剂洗过的地方。在烈日下或高温天气下，应避免一次性清洗太大的面积。在使用清洗剂后，应马上用水冲洗车身，以免清洗剂被烘干后在车身上留下痕迹。

技巧八：若车身表面摸起来有粗糙感，则表明其已被碳粒子或污粒所粘附，此时可使用去污黏土来加以清除。在研磨时，必须加上充分的水来粘取污粒，恢复原来的光滑表面。

技巧九：当车窗上有污粒时，可先用去污黏土处理，再用玻璃清洁剂擦拭即可。

技巧十：平时隔2~3天应用清水清洗汽车1次。如遇下雨天，则需每天清洗1次，或在天晴后即将汽车清洗干净。

你学会了吗？

1. 为什么新车也必须要清洗？
2. 汽车清洗的一般用具包括哪些？
3. 如何连接水枪？
4. 汽车车身的清洗要点有哪些？
5. 汽车清洗的技巧是什么？

第11天　打好学习漆面美容的基础

> **学习目标**
> 1. 了解漆面美容的服务项目
> 2. 了解漆面美容的好处
> 3. 掌握消除条痕的方法

一、汽车漆面美容主要学哪些内容

汽车在使用中，由于日晒、雨淋及受到各种酸、碱化学物品的腐蚀，车身漆膜会逐渐老化，出现开裂、锈蚀、变色等现象。另外，因车辆事故等原因，漆膜也会出现局部损坏。当车身漆膜已失去原有的保护和装饰作用时，就应进行车身漆膜修复。

现代轿车普遍采用色漆与清漆相结合的漆面系统，包括钢板及底漆腻子、色漆及最表面的清漆。

因此，针对汽车漆面的损伤程度有着不同的漆面美容项目，主要包括：

1. 漆面失光处理

在驾驶汽车时，经过风吹雨打、太阳的照射、有害物质的侵蚀及一些人为因素，漆面会渐渐失去原有的光泽，使车主难以满意。<u>解决此类问题一般采用特殊处理工艺与方法，并配合专门的护理用品，可以有效去除失光，使漆面亮丽如新。</u>

漆面失光

经过处理后的漆面亮丽如新

2. 漆面浅划痕处理

在使用汽车时，若车身经常与外界物质发生摩擦或保养护理不得当，时间久了会有轻微的划痕出现在漆面上，划痕虽浅且未露出底漆，但在阳光照射下就会被看得一清二楚。去除出现在漆面的浅划痕时，通常采用抛光研磨的方法。

3. 漆面深划痕处理

划痕深至底漆层的划痕就是深划痕，用手试摸深划痕的表面，会明显有刮手的感觉。<u>汽车漆面深划痕多为硬性划伤所致，需要及时处理，否则不仅汽车的美观会受到影响，还容易使漆面产生腐蚀，减小车身钣金的使用寿命。</u>现在在汽车美容行业中处理深划痕时，通常采用喷涂修复

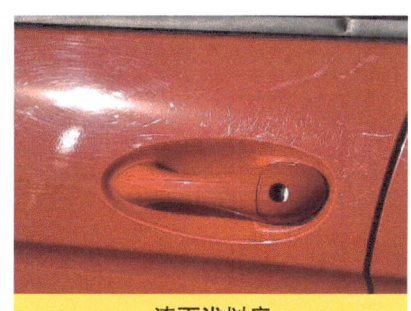
漆面浅划痕

的方法。

4. 局部或整车喷涂修复

对汽车局部或整车进行的漆面喷涂作业就是喷涂修复。在汽车车身损伤较重，一般的美容手段无法恢复时，通常采用喷涂修复。漆面的喷涂作业对厂房、设备及技术的要求最为严格，<u>如果汽车漆面有严重划伤、破损及腐蚀失光等现象出现时，都可采用喷涂修复工艺</u>，使汽车车身还原亮丽本色。

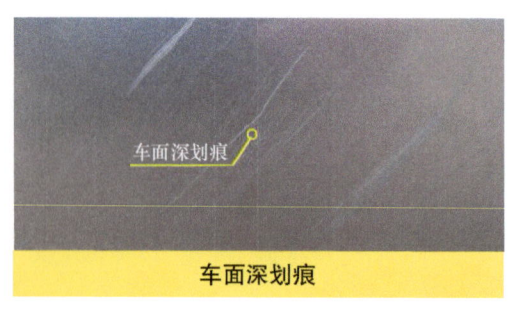

车面深划痕

喷漆

二、漆面美容有什么好处

1. 防紫外线、抗高温

车漆表面经过专业的漆面美容处理过后，会产生一层具有保护性质的膜，这层保护膜可以有效地反射来自不同方向的入射光。另外，因为这些产品本身的材料就具有抗高温的特性，比如ARC漆面保护膜可以抗1300℃高温。因此，车漆经过专业的漆面美容处理后，在一定程度上就具有了防紫外线、抗高温的能力。

2. 防静电

行驶中的汽车，车身表面会和空气气流发生相对摩擦，极易产生静电。当产生静电时，就会在汽车的表面吸附上空气中的灰尘。如果对漆面进行专业的美容养护处理，车身表面与空气气流之间就会形成一层隔离层，从而消除或减小静电的影响。有人做过这样一个试验：让一辆打过蜡的车与另一辆没有打过蜡的车在同一路段行驶同样的距离，结果发现，两辆车外表吸附灰尘的程度明显不同。打过蜡的车身表面上的灰尘很少，而且很容易被清除掉；而没有打过蜡的车身表面上却覆盖着一层厚厚的灰尘，不仅难以清除，而且清除之后还会留有明显的痕迹。这个试验说明，对车身表面进行美容养护处理对消除或减小静电的影响、使车身保持整洁具有重要的作用。

3. 美化城市环境

汽车美容使道路上行驶的汽车不再容易有灰尘污垢堆积，漆面也不再单调暗淡，也不再有锈迹斑斑的车辆，这对于美化一个城市的环境是非常重要的。

4. 美观

可以说车漆就是汽车的皮肤。对于人来说，皮肤白皙、细嫩、有光泽、有弹性，就会给人一种青春和有朝气的感觉。同理，一辆车是新还是旧、美不美观，很大程度上正取决于它的车漆。对车漆进行专业的美容养护，可以改善车漆表面的光亮程度，给汽车增添靓丽的光彩。

三、神奇的条痕消除方法

1. 发丝痕和轻度条痕的消除方法

1）把车体表面的发丝痕用脱蜡洗车液清除干净。

2）选择合适的油漆,如透明漆、专用漆或普通漆,并配合专用研磨剂在发丝痕上研磨。

3）研磨后,清洗干净经研磨变色的研磨剂,再用抛光剂和还原剂进行抛光和还原,随后用防静电海绵去除残留物。最后,涂上保护性上光蜡。

漆面研磨

2. 中度条痕的消除方法

1）把车体表面的中度条痕用脱蜡洗车液清除干净。

2）用毛笔、漆笔或喷枪将底漆在条痕处涂抹均匀,涂2～3层。

3）把条痕周围的污垢和残蜡用脱蜡洗车液彻底清除掉,确定汽车的漆号,通过电子调漆机把相应的条痕漆找出来。

4）在废金属板上试喷用喷枪调制好的漆,直到喷射均匀,然后使喷枪与条痕相距大约7cm,开始喷漆,每隔3min左右喷一次,直到把条痕全部填平即可停止。

局部喷漆

5）擦掉溅出条痕的油漆,待漆干后,用研磨剂磨平新喷的漆。

6）洗掉经研磨后变色的研磨剂,再用还原剂进行还原,并用防静电海绵清除掉残留物。

7）涂上保护性上光蜡,用手提式打蜡机处理。

3. 深度条痕的消除方法

1）将条痕中的残蜡用脱蜡洗车液清除干净,然后把条痕棱角用600号砂纸磨圆,再在条痕处涂上含有原子灰的底漆,大约涂3层左右,再把条痕周围的污垢和残蜡用脱蜡洗车液彻底清除掉,确定汽车的漆号,通过电子调漆机进行配漆。

2）在废金属板上试喷用喷枪调制好的漆,直到喷射均匀,然后使喷枪与条痕相距大约7cm开始喷漆,每隔3min左右喷一次,直到把条痕全部填平即可停止。

用600号砂纸磨圆条痕棱角

3）擦掉溅出条痕的漆,待漆干后,将新喷的漆用研磨剂磨平。

4）磨平后,清洗干净研磨后变色的研磨剂,然后用还原剂还原,接着用防静电海绵清除掉残留物。

5）涂上保护性上光蜡,用手提式打蜡机。

4. 严重条痕

1）将有严重条痕的整块面积用深切研磨剂研磨，随后在严重条痕处用80～150号水砂纸磨出约0.75cm宽的金属层，再把严重条痕用脱蜡水或溶剂清洗干净并晾干。

2）在金属层上覆盖上速干原子灰，待原子灰干后，用100号干砂纸打平，再一次把条痕用脱蜡洗车液擦净。

3）为避免损坏完好的漆面，应把无需喷漆处用专用胶纸贴盖住，然后用喷枪轻轻喷2层底漆，干后把底漆用600号砂纸磨平，随后把底漆周围部分用1500号砂纸磨平，擦干净溶剂。此时底漆才可被预先调好的彩色漆薄薄地覆盖住，每隔8min左，喷1层浓漆，共喷3～5层，每层向外延伸1～2寸。

4）漆风干后，喷漆处用透明漆和溶剂进行研磨，再拿掉所有贴盖住的专用胶纸，随后用防静电海绵把残留物清理掉。最后，把保护性上光蜡涂上。

你学会了吗?

1. 漆面美容的服务项目包括哪些?
2. 漆面美容的好处分别是什么?
3. 消除条痕的方法有哪些?

第12天　这样才能学会漆面美容修复技术

学习目标

1. 了解漆面失光的原因
2. 掌握漆面失光的处理方法
3. 熟悉漆面褪色、失光的防治
4. 了解汽车漆面划痕产生的原因
5. 掌握漆面划痕的处理方法
6. 了解镜面处理的材料
7. 熟悉镜面处理的方法
8. 了解汽车旧漆面"皮肤病"的种类，掌握汽车旧漆面"皮肤病"的处理方法

 一、教你漆面失光的处理方法

1. 漆面失光的原因

造成漆面损伤、老化和失光的因素主要有以下几方面。

（1）自然因素　风沙尘土的吹打；雨雪季泥水的冲击；沥青路面飞溅起的沥青；树胶、虫屎、鸟粪和油污；大气中的各种工业排放物；酸、碱及阳光中的紫外线等。

（2）人为因素　新车开蜡用品选择不当或操作方式不当；洗车时选用了碱性清洗剂；冲洗车辆时水枪压力过大，清洗程序或手法不正确；表面附有尘埃时，用抹布或毛巾擦拭，使车漆面出现微小划痕；不注意日常打蜡保护，使漆面出现由紫外线、酸雨等造成的不应有的侵蚀；汽车所用的涂装材料的质量不符合要求等。但是，即使是再好的涂料都有一定的使用寿命，随着使用时间的增长，漆膜难免会受氧化腐蚀，从而逐步老化。退色和失光只是漆膜老化的一种外在表现，做好漆膜护理工作可以大大放缓漆面的老化速度。

（3）透镜效应　所谓透镜效应，是指当车表漆面上存有小水滴时，由于水滴呈扁平凸透镜状，所以在阳光的照射下，对日光有聚焦作用，焦点处的温度高达800～1000℃，从而导致漆面被灼蚀，出现肉眼看不见的小孔洞，有些甚至深达金属基材。若灼伤范围较大、分布密度较高，漆面就会出现严重的失光。

（4）"交通膜"的影响　"交通膜"是汽车在运行时车身漆面与空气摩擦而在其表面形成的静电层。"交通膜"极易吸附灰尘和有害气体等腐蚀性物质，从而导致车身漆面褪色、失光。

2. 漆面失光的处理方法

（1）打磨、抛光　对于轻度自然老化及浅划痕导致的褪色、失光、漆面无明显划痕，用放大镜可观察到漆面斑点较小。由于上述原因导致的漆面失光，可先清洗打磨，消除表层的褪色、失光，然后再上蜡抛光。

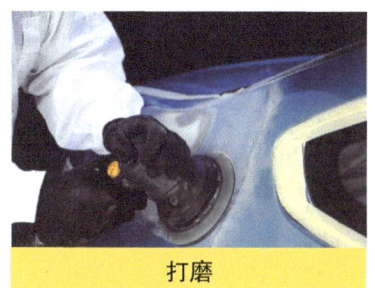
打磨

抛光

（2）上有色蜡　有色蜡又被称为彩蜡。这类蜡品的主要作用是增色，属于单种聚合蜡，内含少量彩釉，可使具有同色系车漆的车辆更加艳丽。由于彩蜡具有增色、添补及遮盖等功能，所以可使褪色、失光的漆膜表面还原。

有色蜡

上蜡

（3）漆膜翻修　对于严重自然老化及透镜效应引起的褪色、失光，用放大镜仔细观察漆面，若发现漆面上有较多的斑点，则说明漆面受侵蚀严重。针对上述原因导致的漆面失光，要求对漆膜进行重新涂装翻新施工。

3. 对漆面褪色、失光的防治

使漆膜褪色、失光速度延缓的重要措施是对漆膜进行及时、科学的维护，主要有如下内容：

1）采用优质清洗剂和正确的清洗方法对汽车进行清洗，以及时清除漆膜表面的有害物质。

自动洗车

人工洗车

2）雨、雾天过后，要及时擦净漆膜表面的水滴，防止透镜效应的产生。

车身上的积雪

擦洗车身上的积雪

3）采用优质车蜡，及时对漆膜表面进行上光打蜡，从而在漆膜表面形成上层保护层，隔绝漆膜与空气的接触，防止氧化、腐蚀。

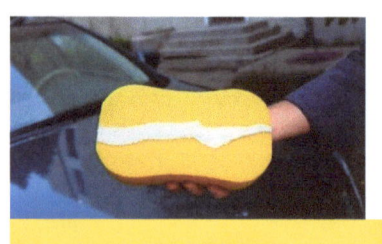

上蜡

4）改善汽车的停放环境，防止自然侵蚀。

尽量不要把爱车停在树下

尽量将车停放在地下车库中

5）加装汽车防静电装置，防止"交通膜"的产生。

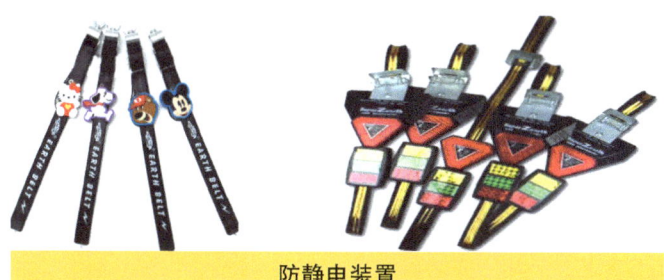

防静电装置

二、教你漆面划痕的处理方法

1. 汽车漆面划痕产生的原因

汽车漆面划痕是车漆表面出现的线条痕迹，其产生原因主要有以下几项：

（1）擦洗不当　汽车在擦洗中，若清洗剂、水或擦洗工具（海绵、毛巾等）中有硬质颗粒，便会使漆面产生划痕。

（2）护理方法不当　在给漆面抛光时，若选择的打磨盘粒度较大、打磨用力较重或打磨失手，便会在漆膜表面留下不同深浅的划痕。另外，在打蜡时，若蜡的品种选择错误，误把砂蜡用在新车上，也会造成一圈圈的划痕。

（3）意外剐擦　汽车在行驶中与其他汽车产生剐擦、与路边树枝产生剐擦以及在暴风、砂尘天气时与大气中的尘土、砂石等产生剐擦，都会造成漆面划痕。

2. 漆面划痕的处理方法

（1）浅度划痕　浅度划痕可先用砂纸打磨，把杂质和锈迹清除掉；然后再对漆面进行还原和上蜡处理；最后对其进行抛光处理，直到漆膜平整光亮为止。

（2）无法用研磨的方法修复的中、深度划痕　若小面积的凹度在 5mm 以下，可通过填补腻子找平后，再做补漆处理。如果划痕处金属外露，则要先把表面涂层的铁锈、焊渣清除掉，再打磨平整，然后把具有防锈效果的氧化中和剂涂抹上，喷涂底油，并需重复喷漆、晾干、打磨的过程。

（3）变形较重　如果变形较严重时，就要用钣金来处理，划痕的处理对技师的技术有较高的要求。应先将变形严重的车壳用钣金修复机小面积地逐一修理平整。重要的是，技师要有丰富的经验和高超的手艺，才能修复平整变形较严重的部分，之后再重复磨灰、喷漆等工序，最终令车身亮丽如新。

三、教你汽车面漆的镜面处理方法

1. 镜面处理材料

在抛光漆面时，如果使用砂纸与粗蜡，是很难达到车漆的镜面效果的，因此必须使用汽车漆护理材料来进行汽车漆面的镜面处理。现在通常采用的是原子灰和抛光剂，抛光剂是最佳的镜面处理材料。

抛光剂也是一种含颗粒更细的摩擦材料的研磨剂。抛光剂根据摩擦材料的颗粒或功效的大小来分类，可分为微抛、中抛和深抛三种。除去极轻微的漆损伤时用微抛，通常针对刚刚发生的（几天内）环境污染及酸性侵蚀，现在，此类轻微损伤可用含有抛光剂的蜡来取代微抛；处理不同程度的发丝划痕主要用中抛和深抛。此外，透明漆的效果用中抛会更好些，而普通漆用深抛则来得更快。

通常，抛光剂与还原剂就所含的摩擦材料看，是同一类别的材料，但两者的主要区别是：还原剂含上光材料（上光剂或蜡），而抛光剂则不含。是否含有上光材料，对汽车车漆能否产生"镜面效果"有很重要的作用。

原子灰

抛光剂

2. 镜面处理的方法

要提高汽车漆面的光泽度以达到"镜面效果"，而进行抛光的方法主要有：

1) 借助研磨和摩擦材料的力量，把细微划痕硬性地去掉。
2) 借助蜡的功效，在一定程度的抛光后，靠蜡的光泽来弥补抛光的缺陷。
3) 借助化学反应，即靠调整抛光机的转速，使抛光剂产生化学反应。

初学者使用较多的主要是前两种方法。因为初学者不够了解抛光机的转速、抛光头的材料（全毛材料、混纺材料、海绵材料及全棉材料等）、对漆的结构和抛光剂的功效之间的关系缺乏经验，因此对抛光的要求也不要太高，不必非要要求太光亮，在涂上蜡后就会显得非常光亮，但这种光是虚光，无法达到最终的镜面效果，其光泽也没有深度。并且它只能保持很短的时间，因为它的光泽是来自蜡，而不是漆。再好的蜡，充其量也只能保持两三个月的光亮。等蜡失去了光泽，车漆的光也就随之消失了。

所以，只有第三种方法才能真正产生良好的镜面效果，即用抛光机转速产生的热量在车漆与抛光剂之间产生一种能量、一种化学反应，以消除细微划痕，显示出车漆的光泽，然后再施加上光蜡让汽车更加亮丽。

车漆越亮，蜡的光泽也就保持得越长。但在运用第三种方法时，也有一定的难度的和技巧，要摸索出是何种漆、使用何种速度、用何种抛光剂配何种抛光头、施加多大压力等。只有经过不断的试验与实践后，才能真正掌握汽车漆面的镜面处理技巧与艺术，达到使车主满意的"镜面效果"。

四、学习处理汽车旧漆面的"皮肤病"

汽车作为人们的日常交通工具，经常会受到风吹雨打。时间久后，车身漆面会逐渐粗糙失光。另外，各种因素导致的车辆剐擦或者划伤，也会使漆面产生各种损伤。于是，汽车表面经常会有漆面氧化、污垢堆积、龟裂、褪色、划痕等"皮肤病"的出现。针对汽车常见的"皮肤病"，汽车养护专家对症开出了"良方"，以期解决广大车主的烦恼，让您的爱车完美潇洒。

1. 漆面氧化

（1）病症　若汽车长时间处在太阳紫外线的照射下，会导致漆面的成分过分散失，从而大大降低漆面的亮度；而且，由于车漆中含有金属等成分，就容易导致车漆被氧化。于是，漆面会慢慢发白，形成氧化层，使车漆的寿命缩短。因此，车主应尽量找阴凉的地方停车或者直接给车"穿"上车衣。

车漆氧化

"穿"上车衣的爱车

（2）预防　预防漆面氧化的最好办法就是打蜡。因为蜡具有密封的效果，在车漆的表面能形成保护膜，抑制外界有害成分对车漆的氧化。打蜡也有季节之分，夏天就要用防紫外线的蜡。

（3）处理　当漆面被氧化时，可以通过研磨抛光来处理。研磨抛光可去除漆面的氧化层，从而使车辆恢复原来的亮丽本色，色泽能暂时恢复到新车时的状态。同时，也可进行封釉和镀膜。封釉可以使车漆的密封度增加，而且能抵御高温和紫外线的侵害；镀膜是将车漆保护膜贴覆在车身表面，从而以隔绝的方法保护车漆。这种膜自身可以防止被外界氧化，是名副其实的"隐形车衣"。

镀膜前的洗车效果

镀膜后的洗车效果

镀膜后的镜面效果

2. 褪色

（1）病症　造成车漆褪色、变色的主要原因就是污染物。褪色不同于氧化，氧化时车漆黯淡、发白，而褪色时，车漆会有不均匀的色差出现。引起金属漆褪色的原因是受到被污染的尘埃以及雨水中的酸、碱物的腐蚀。

（2）预防　不要忽略日常的护理，勤洗车可以减轻褪色，还可以通过打蜡来治理轻微的褪色。

（3）处理　处理时一般要使用有色蜡，又称彩蜡，其主要作用是增色，可使车漆更加亮丽。具体的操作方法同其他常见的上光蜡基本相同，护理后一般可保持1个月。

车漆褪色

有色蜡可用于研磨处理中度褪色，若严重则必须重新喷漆。

3. 交通污垢

（1）病症　行驶中的汽车难免会粘上鸟粪、焦油等，如果它们在车体表面"逗留"时间过长，就会与车漆产生化学反应，腐蚀车身，再加上无处不在的灰尘，您的爱车就会出现"皮肤问题"。树下停车容易引来鸟粪，而鸟粪呈酸性，长期留在车体上会腐蚀车漆且极不卫生，需要及时清洗。据国外"鸟粪轰炸"调查排行榜，<u>吸引鸟粪最多的是红色车，占18%，其次为蓝、白、灰或银，绿色最低。</u>看到停车位地表上鸟粪斑迹多的，还是尽量避让吧，远离"愤怒的小鸟"。

满是鸟粪的车身

（2）预防　在日常护理中要<u>牢记打蜡，宜每月打1次蜡，而且应在雨前进行，防止密封作用失效。</u>一层薄蜡膜的作用不可小视，它能提前为以后清理车上的污垢作铺垫，省时省力。

（3）处理　清除时，先按一定比例稀释专业洗涤液，用海绵直接将其涂在车身上，然后用水冲去泡沫，再用专用清洁软布擦干，清洁时不能使用洗衣粉、洗洁精和毛巾等物。切记，一定要彻底清除干净泥沙。

4. 龟裂

（1）病症　如果平时不对漆面做一些必要的护理，金属漆就可能产生一种非常细微的裂痕，它会不断地渗透车漆，直至"击穿"整个色漆层，这种现象叫做"龟裂"。<u>一般发生在金属漆上。</u>龟裂的初期很难被肉眼发现，当肉眼能觉察到时已经比较严重了。

（2）预防　定期镀膜可减少龟裂的产生。

（3）处理　只能彻底去漆，研磨至金属表面，再重新涂装。

车漆龟裂

 你学会了吗？

1. 漆面失光的原因包括哪些？
2. 漆面失光的处理方法有哪些？
3. 漆面褪色、失光的防治包括哪些方面？
4. 汽车漆面划痕产生的原因有哪些？
5. 漆面划痕的处理方法有哪些？
6. 镜面处理的材料有哪些？
7. 镜面处理的方法包括什么？
8. 汽车旧漆面"皮肤病"有哪些分类？
9. 汽车旧漆面"皮肤病"的处理方法有哪些？

第13天　紧盯汽车打蜡技术的要领及注意事项

> **学习目标**
> 1. 熟悉正确选择车蜡必须遵循的原则
> 2. 了解汽车打蜡的准备用品
> 3. 掌握汽车打蜡的过程
> 4. 熟悉汽车打蜡的注意事项

作为汽车美容的传统项目，防水、防酸雨是打蜡的首要作用。车蜡会降低车身水滴的附着量，且有十分明显的效果，可达 50%～90%。其次是能抵御高温和紫外线的侵害，在外界高温的长期作用下，汽车在外行驶或存放很容易受到影响而使车漆老化褪色，而打蜡形成的薄膜可以反射部分的照射光线，有效防止车漆出现老化现象。再次就是车蜡可以防静电，也可同时防尘。行驶中的汽车与空气摩擦产生静电，而车蜡则可以有效地隔断车身与空气、尘埃间的摩擦，静电减少了，车身表面自然少了吸附的灰尘，而且车蜡还能起到上光的作用，使汽车显得更加靓丽多彩。

一、选对车蜡必须遵循的原则

目前，汽车美容护理用品市场上的车蜡种类繁多，由于各种车蜡的性能不同，其作用与效果也不一样，所以在选用时必须慎重。如选择不当，不仅不能保护车体，反而会使车漆变色。在一般情况下，应根据车蜡的作用特点、产品性能、车辆的新旧程度、车漆颜色、行驶环境及使用季节等因素综合考虑。

1. 根据车蜡的作用选择
因车辆的行驶环境不同，所以在选择车蜡时应重视对车漆的保护。如沿海地区选用防盐雾功能较强的车蜡为宜，而防酸雨功能较强的车蜡宜用在化学工业区，多雨地区选用防水性能优良的车蜡为宜，防紫外线、抗高温性能优良的车蜡宜用在光照好的地区。

2. 根据漆面的质量选择
中、高档车有质量较好的漆面，最好选用高档车蜡；普通轿车或其他车辆，可选用一般车蜡。

3. 根据漆面的新旧选择
新车或新喷漆的车辆应选用上光蜡，以保持车身的光泽和颜色；而旧车或漆面有漫射光痕的车辆可用研磨蜡进行抛光处理，然后再用上光蜡上光。

4. 根据季节不同来选择
通常夏季光照较强，宜选用防高温、防紫外线能力强的车蜡。

5. 根据车辆行驶环境来选择
若汽车经常在泥泞、尘土、砾石等恶劣道路环境中行驶，则宜用保护功能较强的硅酮树脂蜡。

6. 考虑与车漆颜色相适应
若汽车的车漆呈黑色，宜选用黑色、红色、绿色系列的车蜡；若车漆呈浅色，宜选用银色、白色、珍珠色系列的车蜡。

二、打蜡就该这么做

1. 准备用品

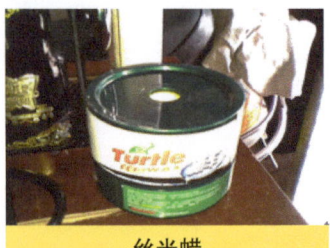
丝光蜡

麂皮，有利于吸水

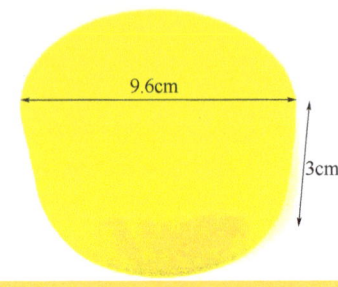
打蜡用海绵

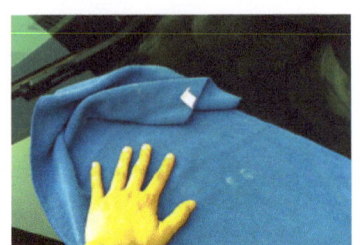
纳米毛巾
（可以多备几条，在不同情况下使用）

抛光打蜡机

车用清洗剂

研磨剂

擦车棉布

2. 汽车清洗

必须对车辆进行彻底清洗后，才能进行打蜡。应注意，切勿盲目使用洗洁精和肥皂水，如果没有专用洗车水，可用清水将车体洗净、擦干后再进行上蜡。如果车身表面的油漆已经褪色或氧化，则必须先把褪色和氧化了的油漆清除掉，之后才能打蜡。

清洗车身

喷上专用清洗剂

冲洗干净后，用麂皮将水擦干。

注意：切记不能盲目使用洗洁精和肥皂水洗车，因其中含有的氯化钠成分会侵蚀车身漆层、蜡膜和橡胶件，使车漆失去光泽并使橡胶件老化。如无专用的洗车水，可用清水清洗车辆，将车体擦干后再上蜡。

清洗干净的汽车

3. 研磨

研磨就是把老化的烤漆磨去，又称"打底"。所谓"不磨不亮"，打蜡前的打底工作对打蜡是否成功起决定作用。若烤漆表面若凹凸不平，则很难上蜡，蜡也无法形成均匀的膜，也会很难被磨亮。使用含有研磨剂的复合蜡进行打底处理时，最好用遮蔽用胶带把烤漆膜较薄的部分贴起来保护。磨光时以 30～40cm 见方为单位来磨，或将车身分成一片一片地仔细磨光，如果磨得单位面积过大，就会造成涂抹不匀。

4. 上蜡

上蜡可分为手工上蜡和机械上蜡两种，手工上蜡简便易行，而机械上蜡有较高的效率。无论是手工上蜡还是机械上蜡，都要保证漆面能被涂抹均匀。手工上蜡时，首先在海绵（专用打蜡海绵）上涂上适量的车蜡，然后按一定顺序往复直线地涂抹，每道涂抹应与上道涂抹区域有 1/5～1/4 的重合度，以避免漏涂及保证涂抹均匀。机械上蜡时在打蜡机海绵上涂上车蜡，具体涂抹过程和手工涂抹相同。应该注意的是，在边、角、棱处的涂抹应避免超出漆面，而此操作过程用手工涂抹更容易把握。

1）上蜡时，应用海绵块涂上适量车蜡，并在车身上用圆弧划圈涂抹（不可把蜡液倒在车上乱涂）。

2）一次作业要连续完成，不可涂涂停停，应直到涂满整个车身为止。

3）5min 以后，用纳米毛巾将白蜡擦去。由于蜡已经附着在了车身上，所以要很用力地去擦才擦得干净（洗车的时候一定要将砂子冲走，否则用力擦的时候砂子会划到车身，形成划痕）。

4）根据不同车蜡的说明，通常涂抹后 5～10min 即可进行抛光。抛光时，为确保抛光后的车表不受污染，要遵循"先上蜡后抛光"的原则。抛光作业一般用无纺布作往复直线运动，适当用力按压，以去除剩余车蜡。

5）切记：车身打蜡后，在车灯、车牌、车门和行李箱等处的缝隙中会残留一些车蜡，使车身显得很不美观。若不及时擦干净这些地方的蜡垢，还可能产生锈蚀。因此，打完蜡后一定要将蜡垢彻底清除干净，这样才能得到完美的打蜡效果。

打蜡结束后的效果图

5. 完饰

若上蜡不匀，则会有反光现象产生。可用很干净的棉布轻轻擦拭，也可在车表的蜡上喷水将其溶解，然后再用布均匀推开。

三、打蜡也要很小心

给汽车打蜡的注意事项如下：

1. 车蜡颜色不要混淆

黑色车有黑色专用车蜡、红色车有红色专用车蜡，白色车有白色专用车蜡，不可乱用。这些车蜡的主要区别是去污成分不同，有些还有增艳配方。特别是对于金属漆，更不能上错车蜡。

2. 新车不要随便打蜡

新车本身的漆层上已有一层保护蜡，过早打蜡反而会把新车表面的原装蜡除掉，造成不必要的浪费。原装蜡一般要滞后一段时间才能真正得牢固、坚硬。所以，新车别急着打蜡，三个月以后再说。三个月以后也尽量别打硬蜡。

3. 汽车打蜡时间应按使用环境而定

因车辆行驶的环境、停放场所不同，所以打蜡的时间间隔也应有所不同。在车库停放且多在良好道路上行驶的车辆，每 3～4 个月打一次蜡；露天停放的车辆，由于风吹雨淋，最好每 2～3 个月打一次蜡。当然，如果用手触摸车身感觉不光滑时，也可以再次打蜡。

4. 打蜡要选阴凉处

应在阴凉处给汽车打蜡，保证车体不发热。因为随着温度的升高，车蜡的附着性会变差，进而影响打蜡质量。

5. 打蜡结束后记得清除缝隙中的车蜡

车身打蜡后，在车灯、车牌、车门和行李箱等处的缝隙中会残留一些车蜡，使车身显得很不美观。若不及时擦干净这些地方的蜡垢，还可能产生锈蚀。因此，打完蜡后一定要将蜡垢彻底清除干净，这样才能得到完美的打蜡效果。

6. 经常洗车打蜡并不一定好

经常洗车打蜡保持汽车的干净卫生当然好，但对发动机和车体的好坏没有本质上的好处。发动机不因为你把外表洗得很干净而故障率降低。相反，如果经常用碱性洗车液洗车，日后油漆就会黯然无光。

建议常用鸡毛掸掸灰效果比较好，特别是风窗玻璃的灰要是用刮水器去刮，那么一两次就会把刮水器上的胶条磨出微小的缺口，今后刮雨时再也不会干净了。经常这样刮，还会把风窗玻璃刮毛，到时就只有换玻璃了。

7. 打蜡时海绵不能太湿

打蜡时，海绵不能太干或太湿，在水中揉两下，然后拧至微干就可以了。

8. 打蜡时擦拭的范围不要太大

每次擦拭的范围不要太大，约以30cm见方为标准来回擦拭。

9. 蜡干后不要硬擦车

应在蜡未干时擦拭，如果发现蜡已经干掉了，应先喷一点水再擦。如果蜡干了还拼命擦，车漆不仅不会亮，相反地，还可能因为摩擦而刮花车子表面，留下一道道的痕迹。

你学会了吗？

1. 正确选择车蜡必须遵循的原则是什么？
2. 汽车打蜡的准备用品包括什么？
3. 汽车打蜡的过程是什么？
4. 汽车打蜡的注意事项包括哪些？

第14天 你一定要掌握汽车封釉的技术

学习目标

1. 了解汽车封釉的作用
2. 掌握汽车封釉的步骤
3. 熟悉汽车封釉的注意事项

 一、封釉的作用

汽车行驶在各种路面上，很容易附着上脏污的东西，刚刚洗完的车开出去不久，车漆上就会又成了灰蒙蒙的一片。而釉表面不粘、不附着的特性，使得漆面即使在恶劣和有污染的环境中也能长久保持洁净，而且还可以有效抵御温度对车漆造成的影响，漆面的硬度也可以得到大幅度的提高，具有防酸、防碱、防褪色、抗氧化、防静电、高保真等功能。新车买了之后就去封釉，可以留住车漆的艳丽光彩；旧车做封釉可以使氧化褪色的车漆还原增艳，颇有翻新的效果。车展上的样车大多都经过了封釉处理，因此看起来晶莹剔透、光彩照人。

二、封釉的步骤

第一步，将车的漆面清洗干净，用干毛巾抹干水分并用风枪吹干所有藏水。

将车清洗干净

用高压风枪吹干所有藏水

第二步，用纸将车表面所有的胶条、标志、饰物、镀铬条、玻璃等进行贴封。

第三步，用海绵将研磨釉以打圈的方式均匀地涂抹在车漆面上，直至将车漆面涂抹完毕。

第四步，用新的专用研磨海绵球贴在研磨机上（转速调成1500r为宜），然后对漆面进行研磨，直至整车研磨完毕。

第五步，用清水将研磨过的漆面清洗干净，并用干布擦净水，并用风枪吹干藏水，保证漆面没有尘埃污染。

第六步，用小棉球将抛光釉以打圈的方式均匀地涂抹在车漆面上，直至将车漆面涂抹完毕。

第七步，用新的抛光海绵球贴在抛光机的抛光头上，然后在漆面上均匀地抛光（抛光机转速调至 2000r 为宜），在全车漆面抛光完毕后用干棉布抹擦，直至将漆面擦亮并将残留的釉物质及粉粒状抹擦干净，待干 20min 后进入下一步。

第八步，用新的小棉球将镜面釉以打圈的方式涂抹在抛光过的漆面上，直至涂抹完毕。

第九步，等待风干，然后用"小太阳灯"对涂抹过的镜面釉漆面进行均匀照射（照射距离在 20cm 为宜，切忌停留固定位置照射），直至照射到漆面表面干燥（即表面浮现出白色粉末），待 30min 后，将专用的封釉海绵球贴在封釉机上，然后在干燥的漆面上进行振抛封釉，直至全车漆面振抛完毕。

第十步，用干净的棉布把漆面的粉末擦干净。

整个操作过程完成后，车身即给人亮丽、丝滑的感觉。

三、封釉注意事项

刚封过釉的爱车要注意8h之内不要用水冲洗汽车，因为在这段时间内，釉层还未完全凝结，还会继续渗透到漆层中去，如果这时冲洗就会冲掉未凝结的釉。

因为封釉后可防静电，所以车身有了灰尘用鸡毛掸子轻轻地拂几下就可以了，不必再用水冲洗或用抹布使劲地来回擦拭。

平时不要再打蜡，因为蜡层可能会黏附在釉层表面，三年后如果再追加上釉，会因蜡层的隔离而影响封釉的效果。

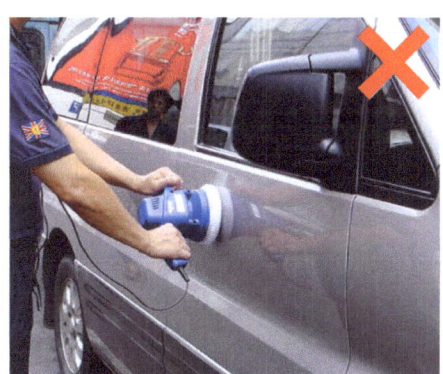

封釉处理是一项新技术,汽车封釉后的一年内都无需再打蜡;清洗使用清水,然后用干净的麂皮布进行擦拭,擦干即可。封釉后的车身具有防氧化、防紫外线的功能,且能保证车漆不褪色。

 你学会了吗?

1. 汽车封釉的作用是什么?
2. 汽车封釉的步骤是什么?
3. 汽车封釉的注意事项包括哪些?

第五章
内饰美容一定要熟悉

第15天　汽车内饰的清洗

学习目标

1. 了解汽车内饰清洗的原因
2. 了解汽车内饰清洗的必要性
3. 熟悉汽车清洗的程序
4. 掌握不同材质的内饰的清洗并加以区别
5. 熟悉手工清洗内饰的步骤
6. 掌握内饰清洗后的处理

一、为什么要进行内饰清洗

在汽车业逐步发展的同时，车主对汽车内饰的要求也随之提高。而潮湿的空气或水渍经常接触内饰中的地毯、真皮丝绒座椅、空调风口、行李箱等处，使得这些地方在特定的环境中极易滋生细菌，使内饰发霉变质、散发异味，进而使车主的身心健康受到严重影响。

车室的清洁、杀菌和除臭能有效地避免各种污垢腐蚀车室，如地毯、真皮座椅、纤维织物等，加之使用专门的保护品对塑料件、真皮及纤维品进行清洁上光保护，可使内饰件的使用周期大大延长。

发动机清洁美容对汽车发动机的性能有非常大的影响。烂泥、灰尘及污物附着在发动机上，不仅会影响发动机的美观，而且还易使发动机的附件出现故障，最重要的是，发动机的散热能

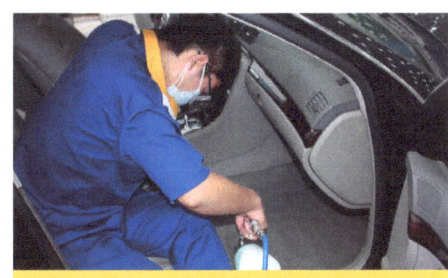

工人师傅在清洗车内地毯

真皮丝绒座椅

汽车空调风口

行李箱

车室消毒杀菌

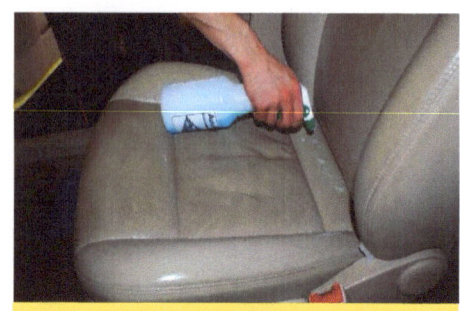

真皮座椅清洗

发动机外部清洗

冲洗水箱

力会受到影响，从而加速发动机的磨损，降低发动机的使用寿命。

二、内饰清洗很必要

汽车的内室空间比较狭小，车门的开关以及一些人为因素都会引起螨虫、细菌的大量滋长，还会产生一些刺激性的气味。而在汽车行驶过程中，紧闭的车窗使得车内产生的异味难以排出，使人员的乘坐舒适性受到影响；在春季时还容易使人患呼吸道疾病，使驾乘人员患病的几率大大增加，甚至在乘车者之间会出现病菌的交互传染，从而影响驾驶人的安全驾驶。因此，在换季时一定要清洗内饰。

同时，汽车内饰件大多数由塑料、人造纤维、皮革、橡胶等材料制成。这些饰件在使用过程中难免会变脏和性能退化。例如，塑料件在风吹日晒的情况下会因氧化而失去光泽，皮革件用久后易出现老化、褪色等情况，所有这些都会影响汽车内饰的舒适性和美观性，缩短其使用寿命。而汽车美容时往往只注重了汽车外表的清洗护理，忽视了汽车内饰的清洗护理，特别是驾乘舱，它的舒适与否极大地影响着驾乘人员的情绪和健康。汽车的内部是驾乘人员接触最多的地方，最容易受到水渍、沙土、烟尘、汗渍等因素的影响，使得丝绒座椅、地毯和顶棚发霉，真皮老化，产生难闻异味,甚至产生大量的细菌,影响驾乘人员的身心健康。因此,每隔一定时间必须对内饰做一次全面的专业清洗护理。

三、内饰的清洗是这样进行的

内饰美容是一项系统细致的护理作业,一定要遵循合乎规范的程序。室内除尘、内饰清洁与护理及车室净化是内饰美容的基本项目。内饰美容比漆面护理的技术要求低,只要有设备,通常自己就可以动手实施。

1. 除尘

除尘通常是用吸尘器、掸子清除内饰各部件上的灰尘,目前常见的吸尘器主要有便携型、家用型和专业型3种。通常,效果最好的是专业型吸尘器,使用也较多,它的防水性较好并且集吸尘、吸水、风干于一体,配有的专用吸嘴适合于内饰结构,易于操作,吸力大,能与内饰蒸汽机配套使用。

除尘前应首先取出车内杂物,如停车证、坐垫、脚垫等,再按从上到下的顺序进行除尘操作,其中包括前仪表板、烟灰缸、前窗、后窗、车门杂物箱、座椅、地毯、行李箱等。

车室除尘

2. 清洗

进行清洗时,根据使用设备的差异可以分为机器清洗和手工清洗两种。使用内饰蒸汽清洗机,并配合多功能强力清洁剂进行清洗是机器清洗的最大特点。蒸汽清洗机能把内饰部件上很难清洗的污垢清除掉,借助温度极高的热蒸汽使污垢软化。此方法可用于对丝绒、化纤、塑料、皮革等几乎所有内饰部件的清洗。机器清洗操作起来方便快捷,但重要的是能正确地使用清洗机。应按照不同材料的部件选择不同的温度进行操作,以防止损伤部件,并要用半湿性毛巾包裹适合内饰结构的蒸汽喷头。进行手工清洗时,要配以合适的清洗剂。通常,清洗剂的溶媒应使用负离子纯净水,采用pH值平衡配方,主要由非离子活性剂、油脂性溶解剂、泡沫稳定剂和香料等来组成高效的去污配方,能把内饰表面的尘垢和各种污垢迅速清除掉。

当内饰不同时,其材质也会不同,在清洗时要加以区别:

1)清洗塑料制品时,首先在塑料部件表面喷洒清洗剂,如前仪表板、顶棚支架、座椅护围等。再用毛刷蘸取少量清水刷洗表面,直至完全清除掉细纹中的污垢为止,然后把刷掉的污垢用半湿性毛巾擦净。如果去污力效果不理想,可根据油污轻重来定稀释比例,加大清洗剂浓度,但是依然应该从轻到重,以防止有失光白化现象出现。

2)高档轿车上的器件,很多是用皮革包装或制造的,如方向盘及座椅等。清洗皮革制品时,可先把皮革上的污垢用一块湿布擦去,如果污垢较重,可用海绵蘸上稀释清洁剂进行擦拭。应该注意的是不能随便在其上面喷化学清洗剂,选用的清洗剂要呈碱性。但擦拭时不可将皮革弄得太湿,以防止水沿缝合处渗入机件。用清洁剂擦洗后,应再用一块干燥的软布或毛巾将其擦干，然后把车门打开，使车内与车外的空气充分接触，从而把皮革上的水分彻底晾干。必要时，可使用皮革保护剂对即将晾干的皮革进行上光擦拭。

3）清洗橡胶制品时，首先在半湿性毛巾上喷洒清洗剂，再用毛巾直接擦洗橡胶部件（为防止橡胶件失去亮度，切勿使用毛刷擦洗），然后再把表面的清洗剂用干净的半湿毛巾擦净。汽车使用久后，车窗内侧会出现一层雾状污垢，影响视野及能见度，若在车内吸烟，情况则会更糟糕。清洗车窗内侧时，可用软硬适度的抹布进行除尘，擦拭时要用力适当，以避免玻璃内的电热丝出现损伤。后风窗玻璃的除雾热线不可垂直擦拭，必须要沿着线的方向左右擦拭，防止造成断线。因用手难以擦到前、后风窗玻璃的下端，因此可用尺等工具在前端包上纸巾或棉布进行擦拭。

现代汽车内部为了更美观舒适，对多种复杂的材料都有大量的应用，其中常用的有乙烯塑料纤维等。清洗车内的特殊材质时，直接在其上面喷洒清洁剂，然后用抹布擦干净即可，最后再喷涂一层乙烯塑料式橡胶保护剂，避免内饰过早地出现老化、变脆、变硬。

下面以手工清洗为例，大致讲解一下清洗内饰的步骤。

（1）清洗外观

（2）拆卸座椅

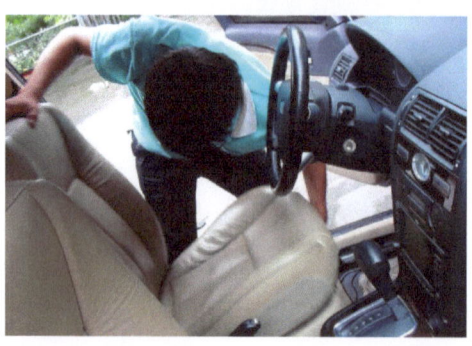

（3）清洗顶棚、内饰

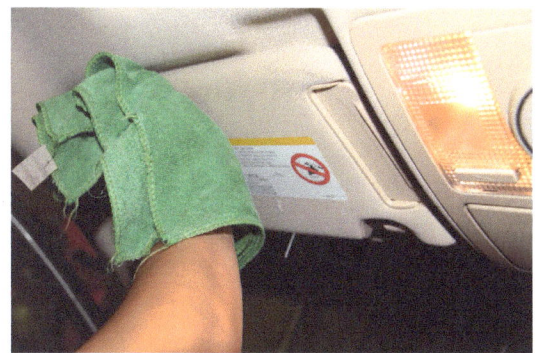
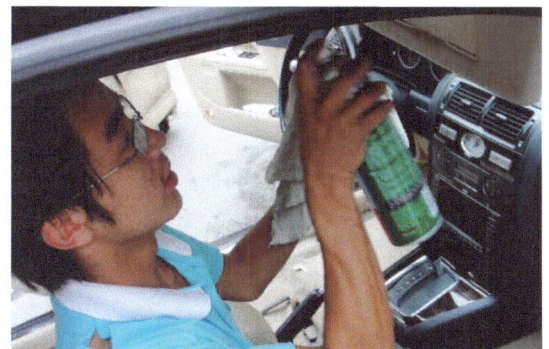
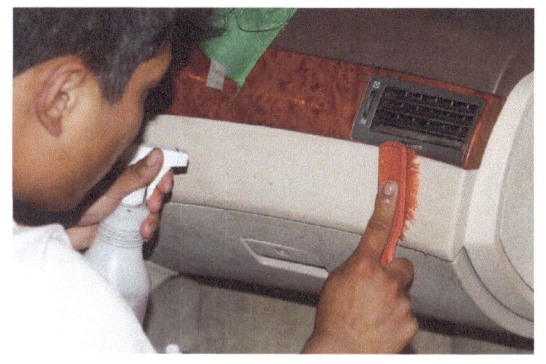

注意：经常使用的汽车在时间久后，往往会有很多不太显眼的灰尘覆盖在车内顶棚上，使车顶灰蒙蒙的，感觉很不舒服。清洁时，一般先用大功率吸尘管和刷子进行大概的清洁，然后用中性的洗涤液重点清洗污垢，最后再进行全面清洁。但必须注意的是，清洁时一定要用稍干一些的抹布，因为顶棚内的填充物是辐热吸音的材质，有较强的吸水能力，如果洗涤剂浸湿车顶材料，就会很难干燥。

（4）清洗仪表板

先将清洗剂对准仪表板

再对着仪表板喷上一喷

仪表板清洗的一般操作程序是：先用抹布擦净仪表板，然后再用清洁剂处理仪表板上的塑胶部分。最后使用清洁剂处理仪表板上的剩余部分。需要注意的是，在处理仪表板的过程中，应用遮阳片进行保护，避免阳光照射仪表板使其变质。

（5）清洗方向盘、变速杆和驻车制动

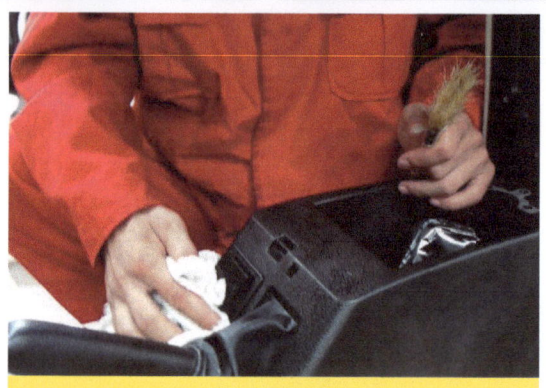

清洗驻车制动

清洗方向盘

注意： 驾驶人经常用手触摸方向盘、变速杆和驻车制动，从而使这些地方容易沾上人体的油脂等，很容易弄脏。清洁它们时，可根据其材质的不同进行不同的处理。其外表材料又有塑胶、人造革、真皮、桃木等。对于塑胶材质的，进行擦洗时可用干净的抹布蘸上中性的清洁剂，擦洗完后，再用塑胶护理上光剂轻轻擦拭即可。对于人造革、真皮材质的，进行擦洗时可用真皮清洁柔顺剂，擦洗完后，再用真皮保护上光剂轻轻擦拭即可。对于有桃木饰条的，进行擦洗时可用中性的清洁剂，擦洗完后，再用塑件橡胶润光剂轻轻擦拭即可。

清洁方式： 只要将干净的抹布浸湿后拧干，然后进行擦拭即可。如果确实特别脏，则在清洁用水中加入少量清洁剂以使去污效果增强。需要注意的是，最后还需用清水漂洗过的抹布擦洗干净。另外，如果使用了仪表喷蜡等增亮剂会使其表面很滑，威胁车主的驾驶安全。

（6）清洗门窗

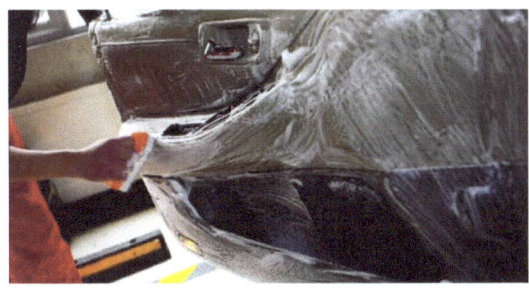

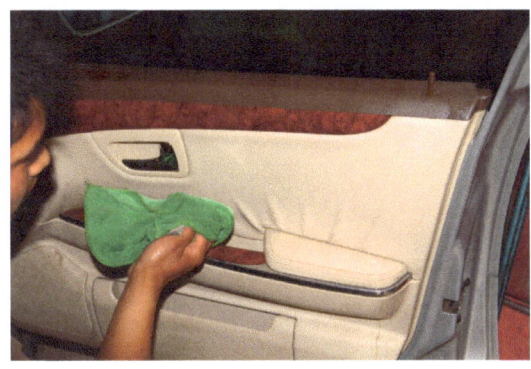
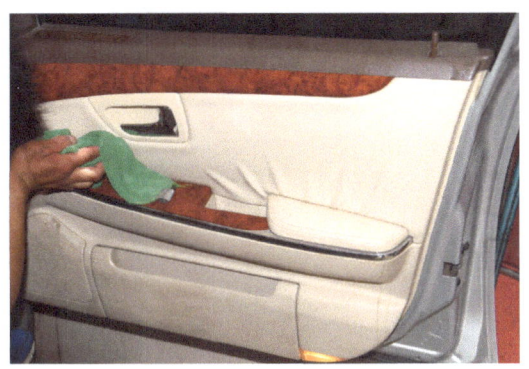

注意：车门、门柱、门框边缘等喷漆表面部分，清洁时应先使用防静电清洁除油剂，再进行抛光处理。对车门内衬（旁板）和拉扶手进行清洁护理时，应根据其不同材质分别使用绒布清洁剂或真皮清洁护理剂。对车门锁、铰链部位和踏板的支点处，清洁时应用清洁除锈剂，并涂润滑油脂，动作时不应有异响，车门内侧底部的排水孔要保持通畅。

（7）清洗拆卸下来的座椅

注意：座椅的分类不同，其保养方法也不相同。目前，座椅基本上分为真皮座椅和绒布座椅两种。以下为真皮座椅和绒布座椅的保养方法：

1）真皮座椅。中、高级轿车多是真皮座椅，在清洗时不能随便喷上化学清洗剂，应选用碱性较强的清洗剂，如肥皂水等。用温水浸泡洁净的软毛巾，将适量的肥皂均匀地打在毛巾上，然后轻轻擦拭座椅。擦完肥皂后通风晾干，再用干净的不含肥皂的湿毛巾擦拭两遍即可。此法也适用于清洁门内饰和仪表板处的塑料件。其原因是肥皂有较强的去污力，且不刺激人体皮肤，对清洁真皮件更实用。在清洁后应用棉纸或柔软的毛巾擦干，防止真皮被刮伤，也可以在阴凉通风处自然风干，但是不要用吹风机去快速吹干皮革。

2）绒布座椅。清洗织物面料的座椅比清洁真皮座椅相对简单一些。若织物座椅不是很脏，可用长毛的刷子配合吸力强的吸尘器，在刷座椅表面的同时，用吸尘器的吸口把污垢吸出来。若座椅特别脏，则要按以下步骤进行清洁：首先用毛刷子清洗较脏的局部（如较大的污垢、垃圾等），然后用干净的抹布蘸少量中性洗涤液，在半干半湿的情况下全面擦拭座椅表面（注意抹布一定要拧干），最后再次用吸尘器清洁座椅，把多余的水分清除掉。

（8）清洗车内地毯

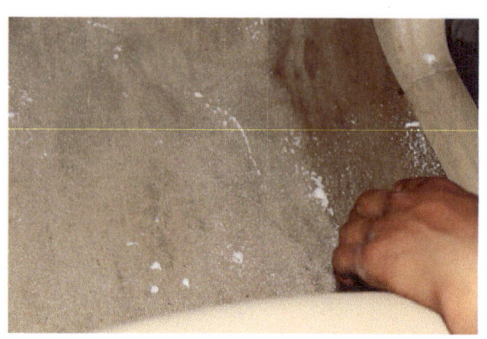 

注意：地毯是汽车里面最容易脏的部分，若用带毛刷头的吸尘机进行吸尘，可以使较脏的地毯看上去干净些。对于更脏一些的地毯，就只能动用专用洗涤剂进行清洗了。

通常先进行上述除尘工作后再使用洗涤剂，喷洒适量的洗涤剂，用刷子刷洗干净，最后要用干净的抹布吸掉多余的洗涤剂，这样一来，洗后的地毯不仅干净，而且能恢复原来的柔软度。最需要注意的就是，刷洗时，地毯不要完全放入水中，否则，不但会使地毯内部几层不同材质的黏接被破坏，而且地毯在很长时间内不能干透，使用效果受到影响，造成车内潮湿。

（9）踏板的清洗

踏板包括制动踏板、离合器踏板和加速踏板。其中最为重要的是制动踏板，若其表面胶垫的凹槽内塞满沙石、泥土，在雨天行驶中就很容易出现打滑，影响行车安全。清洁时，应使用硬刷子刷掉或用尖细铲刀剔除掉踏板胶槽内附着的泥土，然后用沾有清洁剂水溶液的抹布进行擦拭，不要忘记将驾驶座下的地板及其周围的脏污也要擦拭干净。

（10）清洗行李箱

 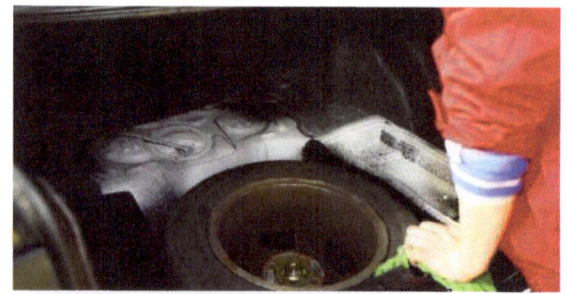

（11）安装座椅

3. 内饰清洗后的处理

为使汽车内饰件的使用寿命延长，保持其原有光泽，通常在结束清洗后，还要进行上光护理。传统的上光护理产品的上光功能单一，如皮革上光剂，它没有太阳过滤网，仅能保持光亮，但起不到保护作用。而新一代的上光剂集增光与清洗于一体，能避免能出现龟裂、硬化及脱色的现象，内含表面活化剂和软化剂，用后能迅速滋润表面，恢复弹性和光滑状态，是汽车常用的内外饰部件护理用品。上光护理产品分为保护剂和上光剂两类。

（1）保护剂　保护剂采用硅聚合物乳化剂，不但能清洁、上光，而且具有保护作用，内含高分子氟化粒，用后在表面形成无黏附性的高透明保护层，不会产生有毒有害物质，环保性好，可用于真皮、人造革、塑料、橡胶等制品。

操作时，首先应将保护剂喷洒于小块海绵上，为的是防止把保护剂喷到难以触及的地方，然后在已经清洁过的工作面上有规律地来回擦拭，中间尽量不要停顿，以免涂抹不均匀，使施工效果受影响。

保护剂　　　　　　　涂抹保护剂

（2）上光剂　上光剂集保护、修复于一体，清洁效果较好。它含有防腐剂，可修复轻微磨损并且效果持久，不含磷酸盐，环保性好，非常适用于对皮革、人造革、塑料、橡胶等材料的护理。

操作时，将上光剂喷涂至待清洁保护的表面，然后用纤维擦拭布擦拭表面。使用足量上光剂，擦拭均匀，以产生处理表面的整体效果。

内饰上光剂

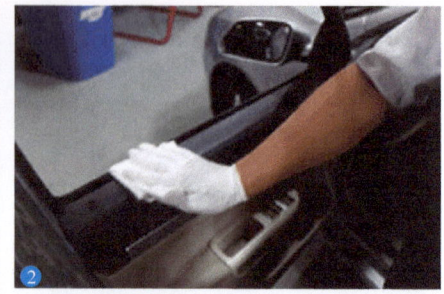

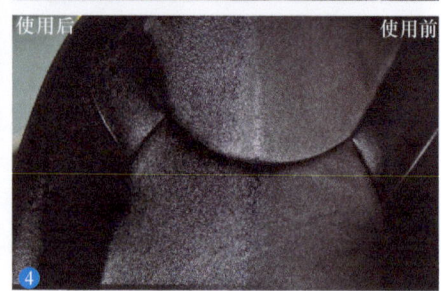

你学会了吗?

1. 进行汽车内饰清洗的原因是什么?
2. 进行汽车内饰清洗的必要性是什么?
3. 汽车清洗的程序包括哪些?
4. 针对不同材质内饰的清洗,要加以区别是什么?
5. 手工清洗内饰的步骤是什么?
6. 内饰清洗后的处理包括什么?

第16天　内饰件常见顽固污迹的清除

学习目标

1. 掌握汽车内饰清洗的方法
2. 熟悉汽车内饰清洗的注意事项

一、汽车内饰清洁方法

　　开上自己的汽车行驶在繁华街道上,对车主来说是一件很兴奋的事。但是在行驶的过程中或停下来后会令你惊讶无比。比如,发动机盖上无端出现一堆鸟粪,车身上溅上一些很难洗净的杂物,甚至还有座位上的污垢以及灰尘满面的地毯,都会使您烦不胜烦。如何才能将这些污垢及时有效地清除掉,并且还要保证漆面的完好无损呢?下面先介绍几种内饰件常见顽固污垢的清除方法。

1）应认识到不管是到洗车场进行专业的清洗还是自己动手，进行清洗前都要使汽车发动机罩彻底冷却。尤其是在炎热高温的夏季，为避免使汽车发动机提早老化，在清洗汽车时要避开有阳光照射的地方。

在阴凉处洗车

2）要注意，针对不同的污垢，所用的清洗方法和抹布也会不一样。比如应用分散水流喷射清洗轿车的车身，切勿用高压水流，因为水压过大会对车身漆面造成损伤。在清洗车身上的坚硬尘泥时，可先用水将其浸润，然后用水冲去，再用软而干净的海绵自上而下地擦洗，在擦洗的过程中应经常在清水中洗涤海绵，防止在油漆表面留下擦伤痕迹，最后用麂皮擦掉水迹。清洗油渍时，应用海绵蘸上煤油或汽油轻轻擦拭，然后把抛光膏打在擦过的地方，使其恢复原有的亮丽光泽。

3）严禁使用含磨料的清洁剂擦拭车门上的玻璃。在清洗死虫等动植物的汁液时，应先用肥皂水将其浸透，然后用浸过清水的海绵清洗，最后用软布擦拭。

4）在对方向盘、灯具等塑料和橡胶件进行清洗时，不能用有机溶剂，如汽油、去渍剂和稀释剂等，只能用普通的肥皂水。

5）清洁中控台需要使用的工具有洁净的抹布、中性清洁剂和水。可能您会问非要使用中性清洁剂吗？当您的手经常反复接触中控台时，手上的油渍难免就会沾染到中控台上，所以一定要用中性清洁剂才能清洗干净。但要注意的是，选择清洁剂时要慎重，因为若使用不当，则容易导致中控台的颜色脱落。

对中控台进行清洁时还要准备一些棉签，因为中控台的形状各种各样，经常会有一些细缝无法用手进行清洁，此时棉签就有用武之地了。当然，如果您备有一个小喷枪的话就更好了。

6）对于仪表板，一定要用柔软的抹布和专用清洁剂，注意不要擦花仪表板。

二、汽车内饰清洗的注意事项

1. 合理选用清洗剂

在清洁车饰时，要按照不同材质使用专用的清洗剂或最相近的清洗剂。例如，真皮座椅用水性真皮清洁柔顺剂清洗，丝绒纤维制成的座椅、地毯等用化纤清洗剂清洗，车窗内侧的玻璃等用玻璃清洗液清洗。

2. 不要随意混合或加温使用车饰清洁用品

不同的车饰清洗用品混合后，有可能发生化学反应，产生一些有害物质，例如，有些化学成分混合后可能会释放有毒气体。若加热清洗剂，如使用时放入蒸汽清洗机内，也容易产生有害气体。因此，切勿随意混合或加热使用车饰清洁用品，除非产品包装上特别注明混合比例或配合机械的使用方法，否则可能会发生化学反应，释放有害物质，影响人体健康。

3. 对不熟悉的产品应先测试使用

首次使用某种清洗剂时，应先找到相同材质的部件进行清洗，或在待清洗部件的不显眼处进行清洗，然后观察清洗结果。用真皮清洗剂清洗车内座椅皮革时，可先在座椅底部或背面等不显眼的地方少量使用，观察清洗效果如何。

4. 不要用水清洗车身内部

不能用水直接清洗车身内部，驾驶室内地板胶垫的下面凸凹不平，结构上需要的凹槽及各种通孔较多，如用水直接清洗，凹槽内容易沉积水且不易干燥，或从通孔处流到交变器等部件上，使其生锈，尤其是对于密封性能较好的车身内部，更不能用水直接清洗。

5. 其他

1）车内饰件上若有特殊污渍（如油漆、机油等），擦洗时不可用力，应选用专用清洗剂进行清洗。

2）进行清洗作业时，在喷上清洁剂后稍等片刻再进行擦拭。要求后期只能以单向运动进行擦拭，为的是使光线漫射面保持一致。

3）必要时，可对清洗过的、难以干燥的饰件进行烘干，以防止其发霉。

4）在汽车行驶过程中，为防止儿童拉开车门发生意外，在汽车两后门的门锁附近，有一个可来回拨动的扳机，在车辆行驶中，对大部分驾驶人来说，这一扳机都是处于关闭状态，但在进行车辆的清洁美容作业时，有可能被抹布拉动到"开启"位置，因此，在完成美容作业后，必须检查并将其恢复至原位置。

5）车门周围镶嵌的防水胶条及门框边胶条很容易出现偏斜、松脱，在清洗作业过程中需要注意的是，用高压水冲洗时是否发生渗漏。若出现开裂，要用专用黏接剂重新粘接。

6）必要时要喷涂清洁除锈剂来清洁踏板的支点处，擦净后再涂上润滑油脂。如果这些部位长期得不到维护，在使用时就会发生异响，影响车主的驾驶心情。

7）在清洁汽车内室时，通常会打开车门，这时必须注意车上存放的票据和文件等，以免在清洗作业中不慎将其丢失。

8）在清洁汽车内室时，必须关闭车内的照明灯开关，否则因长时间作业很可能会导致电池掉电而无法起动。

9）在进行清洗作业时，为避免把车钥匙反锁在车内，最好将车钥匙统一存放在专用的保管箱内，确有需要时（因为有部分车辆自备和车用防盗器具有自动锁定功能），可将车门玻璃降下一部分。

10）在清洁仪表板时，可能会意外地把仪表指示灯的亮度调节旋钮转到最暗位置，故在完成室内美容作业后，要把汽车小灯打开，检查仪表指示灯的亮度是否合适。

11）切忌在皮革座椅及靠背上喷涂仪表喷蜡，避免因与车内人员的毛料或化纤衣裤产生摩擦而形成"镜面"。

你学会了吗？

1. 汽车内饰清洁的要领包括什么？
2. 汽车内饰清洗的注意事项有哪些？

第六章
汽车的外装饰也很重要

第17天　给汽车加装大包围

学习目标

1. 了解汽车大包围的作用
2. 熟悉车身大包围装饰的特点
3. 掌握如何选择大包围装饰件
4. 了解大包围的组成
5. 掌握各种大包围的安装
6. 熟悉安装大包围装饰时的注意事项

一、车身大包围有什么作用

汽车大包围的主要作用是降低汽车在行驶过程中产生的逆向气流，且能增加汽车的下压力，让汽车能更加平稳地行驶，从而使耗油量减少。但是，有一些大包围没有考虑到空气扰流方面的设计，仅仅考虑了美观，反而让汽车更加费油了。多数汽车还是从美观的角度考虑大包围的安装，要使空气动力得到真正的改变，尾翼（定风翼）起到了很大的作用，尾翼是大包围的其中一部分。

夸张的汽车尾翼

二、车身大包围装饰有哪些特点

1. 小批量、多品种

由于现在的人们不断地张扬个性、追求时尚，随之车身大包围装饰件也就出现了小批量、多品种的特点。

2. 制作材料多样化

在制作大包围制件时，主要使用的材料是塑料、金属。塑料中以玻璃钢材料居多；金属中，有的采用新型碳纤维材料和铝碳合金复合的制作方法以及和蜂巢式铸造工艺相互配合制作，还

高端、大气、上档次的大包围

简洁、低调的大包围

个性张扬的大包围

时尚且不失稳重的大包围

ABS塑料大包围

PP塑料大包围

金属大包围

有的采用铝合金、不锈钢等材质制作。

三、如何选择大包围装饰件

1. 类型选择

现在的装饰件生产厂家生产的大包围总成件，其设计制作基本上都是以特定的车型为标准的。在制作时，按照不同的制作材质和工艺可分为标准型、豪华型。在为车型配套时，车身的颜色也要被考虑在内，因此有多种类型和色泽的大包围可供选择。

豪华大包围　　　　　　　　　　　标准大包围

2. 选择的标准

选择大包围总成件的标准，主要是要达到总体平衡协调、外观好看大方、前后包围和侧包围融为一体等。

四、大包围这样安装才正确

大包围的组成有前包围、侧包围和后包围。

1. 安装前包围

1）对安装前包围的部件进行擦拭，把油污、污垢等清除，使装饰部位清洁、干燥，做好安装前的准备工作。

清除车身污垢

2）把安装工具和材料准备好。经常用到的安装工具有手电钻、锤子、旋具、活扳手和钳子等。准备好大包围总成的所有零件，根据安装说明书的要求做好相应的准备工作。

3）根据前包围安装位置的要求，在车的前端钻好安装孔，同时把孔边周围的毛刺去掉。

4）从保险杠下部将前包围插入，对准安装孔，从侧面用螺钉拧牢固。

手电钻

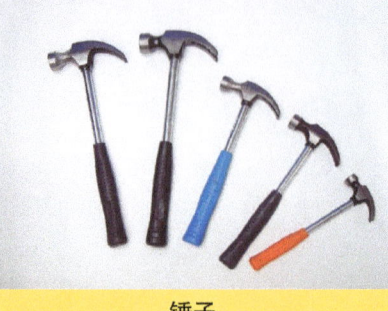
锤子

旋具

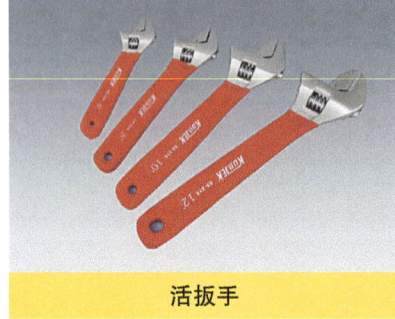
活扳手

钳子

打磨机

2. 安装侧包围

侧包围分左、右两部分，与前包围的安装方法相同。

1）清洗安装部位，准备好安装用的工具和材料，做好安装前的一切准备工作。

2）根据安装的要求，钻好安装孔。打开车门，把侧包围件置于安装位置，钻好安装孔，用螺钉拧牢固。

3. 安装后包围

后部包围件的安装方法也与前部相同，但在制作时，后部包围件上的消声器排气口变大了，从而显得更具美感。

后包围安装完毕

五、安装大包围装饰时的注意事项

1. 大包围总成选择是关键

选好的大包围总成的型号和颜色应与原车配套、协调，以使整车达到和谐的状态，这就为大包围装饰的成功奠定了基础。这样一来，在安装时比较简单方便，也容易保证其安装质量。

2. 选好安装企业

安装大包围时，选择的安装企业必须是正规的，要有必要的设备和技术，有装饰件厂家或汽车厂家特许资格的经销和安装资格，这样可以确保大包围总成件的品质及有能力进行安装和维修。

3. 安装后注意事项

安装后应注意索要保修卡，并且要保存好，以便在使用中出现问题时能及时得到保修。

你学会了吗？

1. 汽车大包围的作用是什么？
2. 车身大包围装饰的特点是什么？
3. 如何选择大包围装饰件？
4. 大包围的组成包括哪些？
5. 各种大包围的安装方法是什么？
6. 安装大包围装饰时的注意事项包括什么？

第18天　汽车天窗

学习目标

1. 了解天窗的优点
2. 熟悉天窗的类型
3. 掌握天窗的保养
4. 熟悉天窗的使用

一、天窗的优点

过去天窗一般只会在豪华车上安装,而现在,市场上越来越多的中档车都安有天窗,如此说来,天窗究竟有什么优点呢?

1. 时尚美观、突显档次

有天窗的汽车会显得更有个性,符合现代人对时尚的追求,能为车主带来高质量的生活品味。不但使车辆更加时尚美观,同时也提高了汽车的档次。

高端大气的天窗

2. 亲近自然、沐浴阳光

亲近自然、沐浴阳光是装有天窗的车辆的最大优点。车辆在安装天窗后会显得视野开阔,坐在车里就能与飘进的缕缕清风擦肩而过、享受温暖宜人的阳光。同时,把天窗打开进行通风换气,可使车内空气保持清新。

亲近自然,沐浴阳光

3. 抽风换气、改善车内环境

一旦有人在车内吸烟,车厢里的空气会使人难以忍受,在安装天窗后,这种情况可大为改观,你会发现风从天窗吹进来后会形成一股气流,能把车厢内的浑浊空气排出去。当车辆行驶速度较快时,打开天窗就能抽出车内的污浊空气,改善车内的空气质量。

抽风换气,改善车内环境

4. 降温较快、节约油耗

外界温度较高时，停在外面的汽车长时间接受太阳光的照射，会使车厢内的温度很高，此时打开天窗会比开冷气降温更快，而且还可以节约油耗。

快速降温、节约油耗

5. 降噪明显、安全舒适

当汽车在高速公路行驶时，如果打开侧窗，车内说话就会被噪声干扰，而且还会影响车速，作为一位驾车高手，您想必有过此经历。但驾驶装有天窗的汽车，只需打开天窗，就可使噪声干扰大大减少，且不影响车速呢！

使用天窗可明显降低行驶噪声

二、天窗的分类

汽车天窗根据不同的驱动方式可分为手动式（目前较少有这种天窗）和电动式，根据不同的开启方向可分为内藏式、外倾式和敞篷式等。手动天窗的结构比较简单，价格也较低廉，主要分为外倾式和敞篷式；电动天窗的档次较高，价格比较贵，主要分为内藏式和外倾式。

外掀式天窗可分为电动和手动两种形式，在开启后往车顶的外后方升起，集防夹功能和自动关闭功能于一体，配有可拆式遮阳板。此类天窗主要在中小型轿车上有所应用。

开启后的内藏式天窗能保持不同的弧度，同时具有防夹功能和自动关闭功能，配有独立的内藏式太阳挡板。此类天窗多在大中型轿车上有所应用。

敞篷式天窗是由高品质的特殊材料组合而成的，同时具有防紫外线和隔热的作用。此款天窗非常前卫，能够彰显个性，非常适合年轻人的口味。但敞篷式天窗的密闭防尘效果比前两款天窗要略差一些。

三、天窗的保养与使用

1. 天窗的保养

1）很多人为因素都会造成手动天窗出现许多故障，如不慎拧反锁扣或摇柄的方向，从而对

电动天窗

外掀式天窗

内藏式天窗

敞篷式天窗

天窗造成损害。

2）如果行驶的道路颠簸不平，就最好不要完全滑开电动天窗，以避免天窗和滑轨之间产生的振动太大，从而导致相关部件发生变形，严重时甚至会损坏电动机。

3）如果想使后加装的天窗能够正常运行，且尽量使其故障率降低，就要确保做到以下四点：合格的产品、专业的安装、正确的使用和定期的保养。

4）天窗是由橡胶密封圈进行密封的，为的是确保其完全防水，在平常的使用中要注意对密封圈的清洁，避免灰尘沉积。在冬季时这一点尤为重要，要经常用除尘掸进行清洁，但要注意的是，若有冰冻出现，则不要将天窗打开。春秋两季的风沙较大，每隔两个月要把密封圈用湿海绵清洁一次。还有，若准备长时间停放带天窗的车辆，为防止因时间过长造成密封圈在空气中发生化学反应而自然老化，要用滑石粉（用滑石粉保养，可延长密封圈的使用寿命）彻底清洁一次密封圈。

5）在对车辆进行清洁时，如果使用高压水枪，切忌将水柱直接对准密封圈，否则不但有可能损坏密封圈，还容易使密封圈因高压水柱的压力而变形，使水进入车内。

6）汽车在冬季行驶时，车内的温度要高于车外的温度，如此一来，天窗周围的冰雪就开始融化，隔夜后，很有可能把天窗玻璃与密封胶框冻住，此时，如强行打开天窗，易损坏天窗电动机（对于电动天窗而言）及橡胶密封圈，所以，要想打开天窗，需要等到车内温度上升至天窗玻璃与密封胶框解冻；还有，即使使用热水洗车，车身如果还有残余水分，汽车在行驶中，天窗边缘残留的水分也会照样冻住，因此，在清洗完汽车后，应把天窗打开，然后将其周围擦干。

如果汽车天窗的密封圈表面经过喷漆或植绒处理，最好用软布将喷漆处擦干，再涂上滑石粉；而植绒处由于表面有黑绒，擦干即可。在冬季时，对于设有滑轨的电动天窗，为防止沙粒积存，要经常清理滑轨四周，清理后切勿涂润滑油，而是应涂少许机油。

2. 天窗的使用

天窗可以用来看风景、换气，但在雨天、雪天，天窗的使用就很有讲究了。汽车养护专家指出，下雨时应关闭天窗，雨停后应先擦拭干净车顶上的水珠后再开启。否则在天窗滑动的过程中，雨水容易弄湿车内座椅，而且也可能使雨水渗入机械内部造成隐患。

很多有个性的车主在冬天时也会使用天窗，这对天窗造成的机械损害会更大。汽车养护专家介绍，冬天来临后，一些有车族在发动汽车时，就在天窗打开一条缝隙，开足暖气，不一会儿车内就会温暖舒适。虽然车内空气是新鲜了，可是起动车子与开启天窗同时进行，这一过程中可能会损害到天窗。据汽车养护专家说，冬天夜间气温较低，一些因素可能导致天窗上有些冰冻，此时若强行打开天窗，冰冻造成的阻力可能会对机械组件造成伤害。如果冰冻情况很严重，车主再用力地按天窗按钮，可能会烧坏机械。

所以，汽车养护专家提出建议，要像冬天起动汽车前先"热车"一样，<u>开天窗前也应先"热"一下天窗</u>，这才是最妥当的做法。<u>具体做法是：先把暖气打开，同时打开侧窗半扇透气，待到车内到达一定温度后再将侧窗关闭，然后再开天窗换气。</u>

另外，天窗和车窗的使用频率不能一样，一会儿开一会儿关，特别容易使天窗的老化加快。为防止振动损坏天窗的零件，在颠簸不平的路面上行驶时也最好不要开天窗。还有，行驶时尽量不要在风沙地带开天窗，防止沙粒进入轨道内，使零件因磨损而失效。

在天窗的日常养护中，要经常擦拭密封胶圈，清除沙粒等杂物，还应定期用机油或润滑剂清洗天窗的轨道部分。

你学会了吗?

1. 天窗的优点是什么？
2. 天窗包括哪几种类型？
3. 天窗的保养方法有哪些？
4. 天窗如何使用？

第19天　汽车风窗玻璃的粘接安装

学习目标

1. 了解汽车车窗粘接安装所需的材料和工具
2. 掌握汽车车窗粘接安装的过程

一、准备工作

检查车辆流程卡，确认车辆配置要求，按照技术状态选定玻璃规格，准备材料及工具。

1. 材料准备

H—131聚氨酯粘接／密封胶；活化清洗剂；HP051底胶。辅料：厚度垫块、邵氏硬度

55~65 的硬橡胶或橡塑、棉布、单面压敏胶带、纸胶带。

H—131聚氨酯粘接／密封胶

活化清洗剂

2．工具准备

气动（手动）挤胶枪、美工刀、油灰刀、毛刷、海绵或脱脂棉。

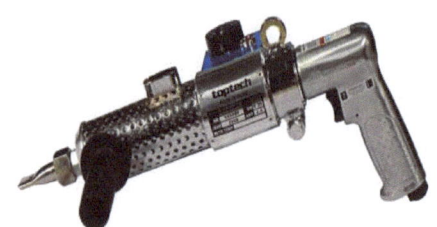
挤胶枪

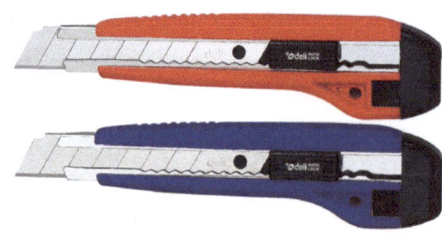
美工刀

油灰刀

毛刷

二、粘接过程

1．预装

把对应的玻璃扣合在窗框上，检查玻璃与窗框的贴合程度，如有必要，校正窗框，合格后取下玻璃。

2．清洁粘接面

把金属窗框和玻璃周边用纸胶带粘贴上，暴露粘接部位，遮蔽非粘接部位。把少量的活化清洗剂涂在棉布上，然后沿玻璃和窗框粘接面顺一个方向擦拭一遍。

需要注意的是，不能来回擦拭，如擦拭后棉布出现变色，可换一块棉布重复该操作步骤，如果油墨脱落，则建议更换此玻璃，以防止出现不可预知的后果。擦拭活化清洗剂后，室温晾置5~10min，即可进行下一步操作。

3. 涂底胶

若玻璃无陶瓷黑边，则需要在玻璃边缘涂上HP051底胶，宽度为粘接宽度的1.5~2.5倍。

使用底胶前要用力摇动，且能听到钢球的撞击声，待2min后，使用毛刷、海绵或脱脂棉在清洁过的玻璃和铝合金上均匀地将底胶涂在粘接面，厚度为50~60g/m²。过1h后再进行下一道工序。

需要注意的是，请勿喷涂底胶，不然会影响效果。

4. 涂胶

当环境温度超出5~40℃之间的范围时，最好不要进行施工。把胶嘴开口切成三角形，推荐开口尺寸（底 × 高）：b×h=12mm×15mm。使用气动（手动）挤胶枪连续且均匀涂注在窗框周边的待粘接面上（或者涂注在蒙皮上，单面涂注即可）。

需要注意的是，接头不能平接或对接，防止漏水。

5. 装配及固定

1）为保证粘接后胶的厚度，要把提前预备好的厚度垫块嵌入胶条内侧3~4块。

2）在窗框上将玻璃安装好，然后用手将其轻压至贴合平整，用压敏胶带固定（在打胶后5min内完成）。根据温度及工艺确定固定时间，通常为24h以上，原则上在24h内，不能起动此车。

3）如果需要把内侧填平，可用挤胶枪从内侧涂注至填满，然后使用油灰刀刮平，此时可将胶嘴倾斜成45°。

4）把纸胶带撕掉。

6. 清理

视气温而定，6~12h后把压敏胶带撕下，然后将多余的胶清除干净，并除去露在外面的垫块。

7. 注意事项

要对技术说明书有细致的了解。

若初次使用，要先进行试验，一些玻璃黑边上的油墨有太强的油性，胶与油墨的粘接效果可能会因此而差强人意，因此最好在玻璃黑边上预涂HP051底胶。

活化清洗剂和底胶有易燃易挥发的性质，所以施工场所要有良好的通风条件，远离火源，防止发生火灾。

你学会了吗？

1. 汽车车窗粘接安装所需的材料是什么？
2. 汽车车窗粘接安装所需的工具有哪些？
3. 汽车车窗粘接安装的过程是什么？

第20天　轮胎养护美容

学习目标

1. 熟悉轮胎养护的必要性
2. 掌握轮胎美容的基本程序
3. 掌握轮胎翻新工艺
4. 掌握轮胎日常使用中应该注意的事项
5. 掌握汽车举升机的使用

一、轮胎养护的必要性

1）汽车安全行驶的需要。据不完全统计，在高速公路上发生的交通事故中，由爆胎引起的占70%以上，给人的生命和财产造成了严重的损失。

2）节省行车、保养的费用。轮胎是汽车的易损件，在一辆汽车的使用过程中，更换轮胎的费用占保养护理总费用的20%左右。

3）轮胎是汽车的脚，与各种状态的路面接触，平时比较脏，除了沾有泥土外，还受一些酸碱性物质的污染。日常需要清洁护理、细心呵护、经常保养，确保轮胎干净靓丽，如此一来才能延长轮胎的使用寿命。

二、轮胎的养护美容

1. 轮胎美容的基本程序

1）用清水将车轮彻底清洗干净并风干。
2）用轮胎保护蜡在轮胎内外侧加以涂抹与整理。
3）用亮光蜡喷亮即可。
4）有条件时还可以用一些时尚的车膜装扮轮胎。

2. 轮胎翻新

使用轮胎清洁增黑剂、轮胎上光护理剂对车胎进行护理翻新，可有效保护轮胎、防止橡胶老化、防止酸碱物质对轮胎的侵蚀、增加橡胶的弹性。

（1）汽车轮胎轮毂清洗护理的规范流程
1）使用塑胶清洗剂清洗轮胎，使用轮毂清洗剂清洗轮毂。
2）喷上清洗剂后，用软毛刷刷洗轮胎和轮毂。
3）用水冲洗轮毂和轮胎，洗净后用气枪或干净的干毛巾擦干。
4）使用金属防锈剂喷于轮毂表面，让其自然干燥。
5）将轮胎增黑剂均匀地喷于轮胎侧面，自然干燥即可。
（2）汽车轮胎轮毂清洗护理的施工技术标准
1）清洗轮胎、轮毂，要干净、无污渍。

2）用软毛刷刷洗轮胎和轮毂，不得伤害其表面。
3）对轮胎和轮毂进行护理时，其表面须干净干燥。
4）轮胎护理后应黑亮如新；轮毂护理后也应光亮如新。

三、轮胎的日常使用保养

轮胎是汽车唯一和地面接触的部位，为减少轮胎磨损，减少爆胎事故，使用中应该注意以下事项：

1. 优先选用子午线轮胎和无内胎轮胎

子午线轮胎胎体较软，带束层采用了强度较高、拉伸变形很小的织物帘布或钢丝帘布，因此这种轮胎的抗冲击能力强、滚动阻力小、消耗能量少，最适于在高速公路上行车。

无内胎轮胎质量小、气密性好、滚动阻力小，在轮胎穿孔的情况下，胎压不会急剧下降，完全能继续行驶。由于这种轮胎可以直接通过轮辋散热，所以工作温度低，轮胎橡胶的老化速度慢，寿命比较长。

2. 采用低压胎

目前轿车、载货车几乎都采用低压胎。低压胎具有弹性好、断面宽、与道路接触面大、壁薄、散热性好等诸多优点，这些特点提高了汽车的行驶舒适性和转向操纵稳定性，大大延长了轮胎的寿命，防止了爆胎的发生。

3. 选相应速度级别和承载能力的轮胎

每种轮胎由于橡胶和结构不同，都有不同的速度和不同的承载限制。在选用轮胎时，要认清轮胎上的速度级别标志和承载能力标志，要选用高于车辆最高行驶速度和最大承载量的轮胎，以保证行车安全。轿车如果超负荷行驶，会使轮胎过度发热，导致橡胶老化、轮胎寿命缩短。汽车轮胎有一种"驻波"现象，经常出现在超速行驶时，这种现象可以使胎温迅速升高，加快橡胶的老化速度，易产生脱层和爆裂，导致爆胎。试验表明，轮胎超载 10%~12% 时，轮胎行驶里程将下降 20%~40%。

4. 注意胎压

轮胎的寿命与气压有着很密切的关系。轿车轮胎气压一般为 0.2~0.5MPa，如果提高轮胎气压 25%，轮胎寿命将缩短 15%~20%；如果降低气压 25%，寿命将缩短 30% 左右。

胎压过高、过低都会引发轮胎过度磨损，甚至造成爆胎。应当按照厂家要求保持轮胎的标准气压，必须定期检查胎压，除了备胎以外，其他轮胎最少要两个星期检查一次。胎压可用胎压计测量，不过必须在轮胎常温的状态下测量，因为在热胎状态下测量出的结果是不准确的。如果胎压过低要及时充气，并检查轮胎是否有慢漏气现象，以便更换气密性好的轮胎。如果由于气压过高造成轮胎过热，绝对不允许采用放气、向轮胎上浇冷水的方法来降低温度，否则会加快轮胎的老化速度，大大降低轮胎的使用寿命。遇到这种情况只能停车，待其自然冷却降温、降压。

5. 轮胎定期换位

轮胎每行驶 10000km 就应当互换位置，因为一般汽车的发动机放置在前面，前桥与后桥的分配负荷不一样，因此前轮轮胎的磨损较大。为使汽车各轮胎磨损均匀，延长其使用寿命，要定期按规定实施轮胎换位，轮胎换位可使轮胎受力平衡，一般在二级保养时进行换位维护。经常在高速公路上行驶的汽车应采用循环换位法，富康轿车的轮胎换位如图所示。

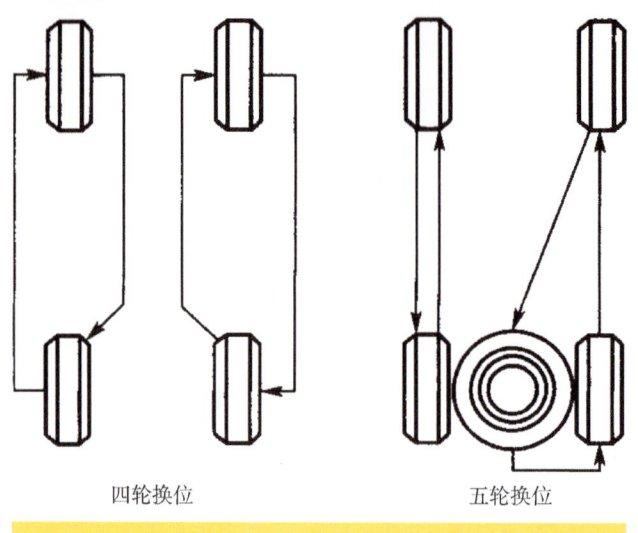

富康轿车的轮胎换位

子午线轮胎做换位保养时要注意只能进行单边换位,而不能进行交叉换位。子午线轮胎由于内部结构的原因,使用时其旋转方向必须是唯一的,若交叉换位(含轮辋)必然会改变它的旋转方向,其结果会引起轮胎不平衡,车辆行驶时会出现发摆、发飘和跳动等现象,所以子午线轮胎只能单边换位。

6. 定期做平衡检查

定期检测平衡不但能延长轮胎的使用寿命,还能提高汽车行驶时的稳定性。在更换轮胎时,要对所要更换的备胎进行动平衡试验后再使用。如果换上的是不平衡的车轮,特别是在100km/h以上的高速行驶中,由车轮的不平衡引起的磨损会非常剧烈,最终导致爆胎。

7. 不同规格的轮胎不能混装

子午线轮胎和斜交轮胎的侧向力不同,如果将两种不同的轮胎同时装在同一轴上,就会造成转向过度或不足,或容易造成侧滑,加快磨损,影响汽车行驶的稳定性。

8. 及时清理胎体内的杂物

轿车行驶中,轮胎表面会嵌入一些杂物,如钉子、石块、玻璃、铁片等,如不及时清理,杂物将一步一步插入胎体,造成帘线强度降低,引起脱层甚至爆胎。

9. 判断轮胎不规则磨损的原因

建议轮胎的使用寿命是40000km左右,如果行驶里程较少,但使用时间超过两年同样需要更换。根据轮胎的不规则磨损情况,可以判断引起磨损的原因,以便进行相应的处理。

1)如果轮胎两肩快速磨损,原因一般是气压不足或换位不够。
2)如果中间快速磨损,原因是气压太高或换位不够。
3)如果胎面有裂纹,原因是气压不足或超速。
4)如果单边磨损,原因是前轮过度外倾。
5)如果产生羽边形磨损,原因是前束不当。
6)如果胎面有秃斑,原因是车轮不平衡或者轮胎歪斜。
7)如果产生扇形磨损,原因是轮胎换位不够或者悬架校准不好。

四、要会用汽车举升机

举升机安全操作规程

1）举升的车辆要在该产品的额定举升重量之下。

2）举升过程中车下和车内不能有人。

3）未经允许时非使用人员严禁操作本设备。

4）当举升机长期停止使用或下班后，要切断控制盒电源。

5）举升车辆时，先在被托汽车上找到合适的位置放置托臂，再分别转动四只橡胶托盘，使四只托盘有相等的车身位置，再按上升按钮。当车与地面大约有10cm的距离时，应对托盘位置进行检查并摇晃一下车辆，查看其安全性，确保安全后，才能继续进行工作。

6）液压举升上升后，其安全保险锁的手柄方向一定要朝上。

汽车举升机

 你学会了吗？

1. 轮胎养护的必要性是什么？
2. 轮胎美容的基本程序是什么？
3. 轮胎如何翻新？
4. 轮胎日常使用中应该注意的事项是什么？
5. 如何使用汽车举升机？

第七章
汽车防护系统的选购与改装知识一定要了解

第21天 汽车太阳膜

学习目标

1. 了解什么是汽车太阳膜
2. 熟悉防爆太阳膜的作用
3. 掌握太阳膜的贴膜步骤
4. 掌握太阳膜粘贴避免膜内沙粒的方法
5. 掌握鉴别太阳膜质量的方法

一、汽车太阳膜定义

汽车太阳膜（Automotive Solar Film），俗称防爆膜，是指粘贴在汽车玻璃表面的膜，不仅具有防爆的功能，还能隔热、隔光。通常用特殊的聚酯膜作基材制成优质的防爆膜，膜本身具有很强的韧性，并有特殊压力敏感胶配合，发生意外时，即使玻璃破裂也能藕断丝连而不至伤人。如今的汽车防爆膜还具有单向透视、降低眩光的功能。

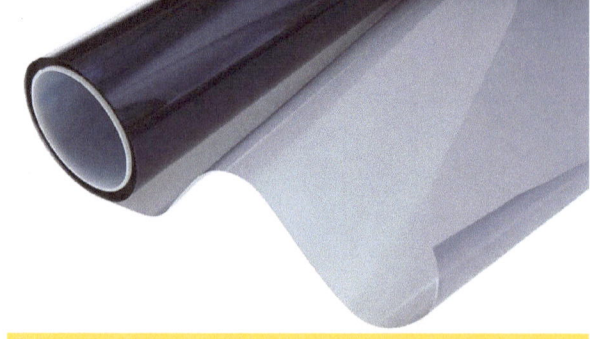

太阳膜

二、防爆太阳膜的作用

1. 隔热降温，营造舒适的车内环境

防爆太阳膜可使光线照射的强度减少，起到隔热和保持车厢凉爽的作用。另外，汽车防爆太阳膜的隔热率可达 50%~70%，能有效地降低汽车空调的使用强度，节省燃油。

2. 防止玻璃爆裂伤人

当汽车发生意外时，防爆太阳膜可以防止玻璃飞溅，避免事故中产生的玻璃碎片对车内人员造成伤害，提高汽车的安全性。

隔热降温，营造舒适的车内环境

防止玻璃爆裂伤人

3. 阻止紫外线，保护人体肌肤

阳光中的紫外线会对人体的肌肤产生伤害，若长时间地被紫外线照射，则易患皮肤疾病。因防爆太阳膜可有效地阻挡紫外线，所以具有保护肌肤的作用。

4. 保护汽车内饰，延长内饰件的使用寿命

在太阳光照射时，由于红外线的作用，椅垫和仪表板等内饰件中能积存热量，若长时间被红外线照射则会引起内饰件老化褪色，而太阳膜对内饰具有良好的保护作用。

5. 单向透视，增强车内空间的隐私性

防爆太阳膜具有的单向透视性较好，把防爆太阳膜贴在车窗上可以阻挡来自车外的视线，使汽车内的隐蔽性增强，显得含蓄、深沉，符合多数人的品位。

阻挡紫外线，保护人体肌肤

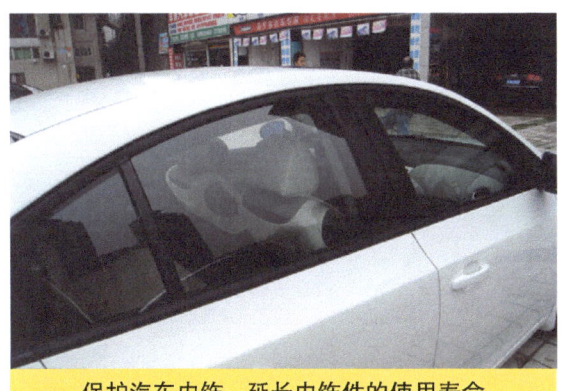

保护汽车内饰，延长内饰件的使用寿命

单向透视性，增强车内空间的隐私性

三、太阳膜的安装技巧

1. 贴膜步骤

1）先在清洁的玻璃内侧喷洒清水，然后撕去太阳膜的保护膜，在涂胶的表面也喷上清水，然后选择大小合适的膜。

2）将太阳膜贴在玻璃上，然后沿边进行剪裁。

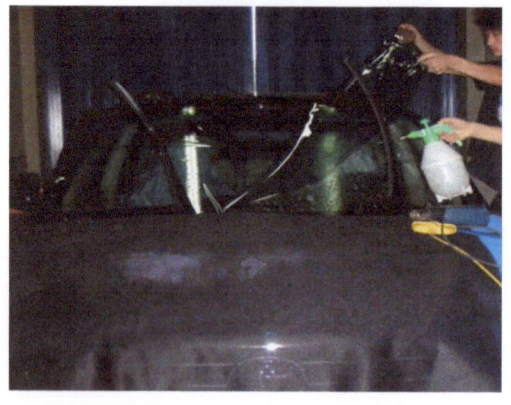
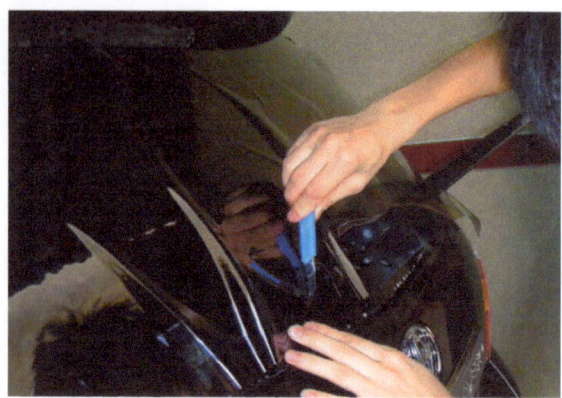

3）贴好后，玻璃上会有很多气泡。
4）用塑料刮刀进行挤压。

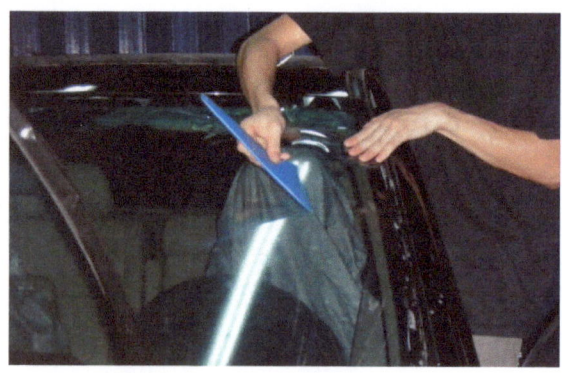

5）接着对车膜进行烘烤定型。
6）做一些细节的处理。

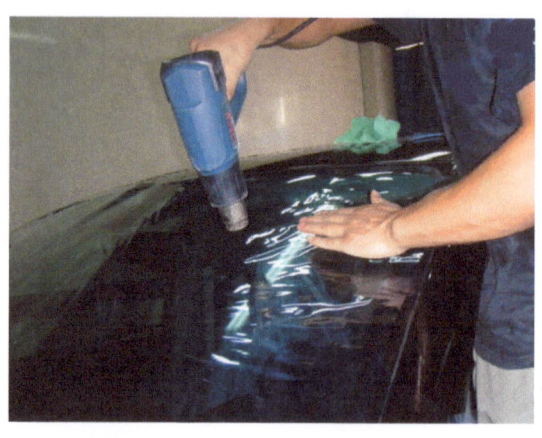
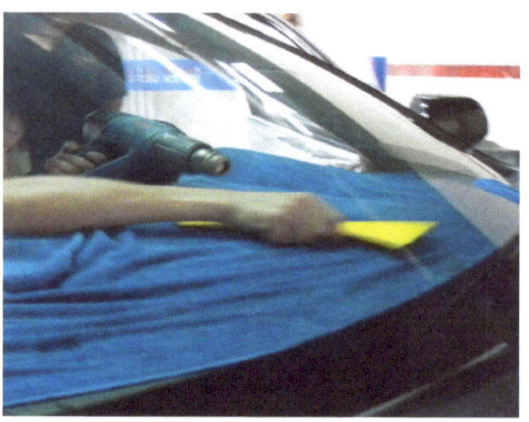

7）最后，冲洗一下车身便可以了。

提示：贴膜后，可以在显著位置贴上提示不干胶，以警示车主三天内不要摇下车窗。

由于太阳膜是贴于车窗内侧的，所以在贴膜前，应在车内空间喷洒清水，使尘粒尽快沉坠。贴膜时，虽然车内温度较高，但也不要使用车内的空调。

2. 避免膜内沙粒方法

（1）水　有不少施工人员作业时会直接使用自来水，但自来水管路里有许多杂质或沙粒，未经过滤或沉淀应避免使用。

（2）灰尘　很多店面没有专门的贴膜室，来往的汽车呼啸而过，会激起很多灰尘，有时风速较大也有灰尘，因此没有贴膜室时，要把所有车门关闭后再进行贴膜。

（3）工作衣服　当隔热膜透明部分被拆开时，会产生大量静电，所以贴纸时要避免穿毛料或是有棉絮的衣服，因为静电会把衣服上的棉絮或羊毛吸到膜上面。

（4）膜表面　已经裁剪好的膜通常会放在汽车脚垫上、椅套上，或放在车顶、发动机舱盖上，从而使其内外的环境不干净，同时附着在其表面的灰尘因静电的关系在拆开膜时亦会吸到膜上面，因此，必须洗净或表面喷一些水后，才能拆开透明膜，以防止灰尘及沙粒。

（5）椅套或饰物　一些椅套或饰物是兔毛、狐狸毛或棉絮太多，由于静电原因，拆开膜时同样需要注意，而且，要避免拆开膜时靠物体太近，防止物体上灰尘被静电所吸。

（6）拆开膜时有人开门　拆开膜时或洗好玻璃后，要注意尽量不要让车外人员开门，用力开门时可能会造成外界空气快速进入，带来大量的灰尘或沙粒。

（7）冷气风速过大　夏天天气炎热，是贴隔热膜的旺季，在太阳下或车内气温很高，难免会在车内开着冷气贴膜，但在拆开膜时冷气风速应调到最低，在拆完膜并贴上玻璃之后，再将风速调大。

（8）喷水器底部不干净　喷水器在使用时通常放在地上、脚垫上或椅套上，底部一般不太干净，当你进行拆膜时，若喷水器在膜上方来回晃动，其底部存在的沙粒、小石子会掉在膜上，应擦净喷水器的底部后再使用。

（9）手捏部分　透明膜被拆开后，必须用两个指头捏住隔热膜，手捏的部分会出现指纹和沙粒，难度在于以能控制膜为原则尽量捏少一点。

（10）刮水方式不正确　在对玻璃进行清洗时，刮水器不能随便刮水，或刮水断断续续，或不知收尾，刮水有固定方式，不然会带来沙粒。

（11）冲水　刮水器无法完全到达旁边或底部时，必须对其进行冲水；若清理时使用卫生纸，要注意使用脱脂卫生纸，目的是为了防止遗留灰尘。旧车或三角窗的冲水更应引起注意，千万不要在顶部冲水，以避免脏物随水下滑。

（12）刮水方向　贴上膜后的下一步就是刮水，水可以自上往下刮，由左到右或由右到左刮，但为避免水往下流带动沙粒下来，不能将大量水从下往上刮。

四、对太阳膜质量的鉴别

太阳膜有很多种，且质量参差不齐，因此在购买时要仔细辨别。

1. 看

透光率是选择的第一要素，劣质膜通常会让人有雾蒙蒙的感觉，不仅影响美观，有时还会影响行车安全。颜色是选择的第二要素，优质太阳膜的颜料是高质量的产品，能渗透在太阳膜中，且可长时间保持原有颜色。劣质太阳膜在粘贴过程中经刮板作业会有颜色脱落现象，而优质太阳膜则不会。气泡是选择的第三要素，将太阳膜的塑料内衬撕开后再重新合上，优质太阳膜在合上后依然能保持原有本色，而劣质太阳膜则会有起泡现象出现。

2. 摸

摸捏优质的太阳膜时会有厚实平滑感，劣质太阳膜则手感薄且脆。

3. 试

体现太阳膜质量好坏的一个非常重要的因素是太阳膜的隔热性，但要评价太阳膜的质量，光凭眼睛和手是不行的。若条件允许，可以进行一项比较试验，首先把一块贴着优质太阳膜的玻璃放在碘钨灯上，用手只感到轻微地热；而换上另一块贴着劣质太阳膜的玻璃，手会立即感到很热。通常情况下，经过国家质量监督检验检疫总局验证合格的太阳膜在隔热性等方面都是可信的。此外，在对膜的颜色进行挑选时，要把它放在车窗上并关好车门，切勿在太阳光底下辨别它的颜色。由于在阳光下单看哪一种膜的颜色都是很浅的，因此只有在车内试过之后，才会得到你想要的效果，而不至于颜色有误差。

你学会了吗?

1. 什么是汽车太阳膜？
2. 防爆太阳膜的作用是什么？
3. 太阳膜的贴膜步骤包括哪些？
4. 太阳膜粘贴避免膜内沙粒的方法是什么？
5. 太阳膜质量的鉴别方法是什么？

第22天　汽车防盗装置

学习目标

1. 了解汽车防盗器
2. 熟悉不同类型防盗器的特点
3. 掌握防盗器的安装方法
4. 掌握防盗器安装的注意事项

一、汽车防盗器的定义

随着时代的发展，人们的生活水平逐步在提高，汽车的需求量也大幅增加。但是随着汽车数量的增多，车辆被盗的案件也越来越令人担忧，这也在困扰着每位车主。目前市场上各种电子防盗器使人眼花缭乱，有很多新款轿车上都已经安装了原厂的汽车防盗器，而有些车辆的钥匙上有防盗芯片，可随机改变开锁密码。目前有些车型已经开始使用隐形IC卡，车主只要走进车辆3~5m的范围内，防盗器就会自动解锁，当车主离开车辆5m后，车门将自动上锁。

在车上安装，从而使盗车难度增加、盗车时间延长的装置，就是汽车防盗器，它对汽车的安全至关重要。防盗器和汽车的电路配接在一起，因此可以避免车辆被盗，能安全地保护汽车。

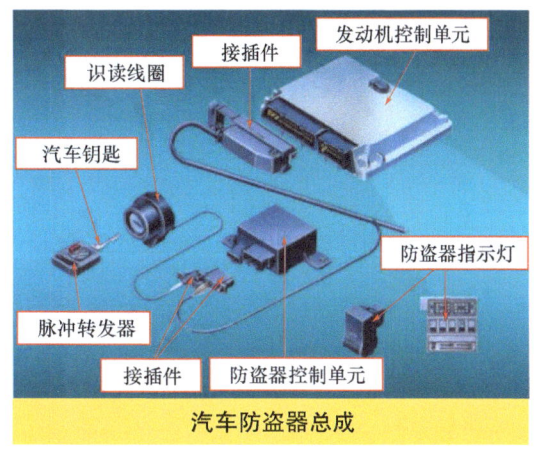

汽车防盗器总成

二、汽车防盗器的类型和特点

随着科学的发展，人们研制出了种类繁多且结构不同的防盗器。现在的防盗器按其结构可分为四大类：机械式、机电式、电子式和GPS卫星定位汽车防盗系统。

1. 机械式防盗锁

机械式防盗锁大量应用于早期的汽车防盗。机械锁自诞生到现在经过了多次的技术升级。钩锁、方向盘锁和变速杆锁等都可列为机械式防盗器。它们的防盗原理主要是通过锁定离合踏板、制动踏板、加速踏板或方向盘、变速杆进行防盗，只防盗不报警。这种防盗锁的优点是价格便宜、安装简便，可以在一定程度上吓阻盗车贼。而防盗不彻底、每次拆装比较麻烦是它的主要缺点，且不用时还得考虑其存放位置。

2. 机电式防盗装置

中央门锁是一种机电一体式的防盗装置。中央门锁的工作原理是用信号来控制门锁的开启或锁止，并由驾驶人集中控制所有车门的门锁。当把驾驶人侧车门门锁锁住（或打开）时，其他几个车门及行李箱都能锁止（或打开）；若要打开车内个别门锁，可分别拉开各自门锁的按钮。

3. 电子式防盗器

电子报警防盗器诞生的目的是为了解决机械锁只防盗不报警的缺点。汽车电子防盗系统的工作原理是在原有中央门锁的基础上加设了防盗系统的控制电路，从而使汽车在移动时能同时报警。现在比较常见的防盗装置正是电子防盗锁。如果汽车或车上的物品被盗，则防

插入方向盘的汽车防盗识别器

盗系统可起到切断起动电路、喷油电路、点火电路、供油电路并将制动锁死等作用，同一时刻还会有不同的求救声光信号发出进行报警，从心理上震慑盗车者，在很大程度上可阻止盗窃行为的发生。

插片式、按键式和遥控式等都可被列为电子式防盗器，都有各自的特点。其中可遥控防盗器功能全面、简便安全，可带有振动侦测门控保护等功能。随着防盗技术的快速发展，遥控式汽车防盗器的功能也随之增加，不仅操作方便，还很实用，如遥控送放冷暖风、遥控开行李箱等。目前已出现了双向功能的电子防盗器，车主不但能遥控车辆，还能了解汽车自身的状态，例如车窗玻璃被破坏或车门被开启等。电子防盗器的缺点是误报警现象时有发生，而且也无法解决车辆丢失这一根本问题。

4. GPS卫星定位汽车防盗系统

GPS卫星定位汽车防盗系统（或其他网络系统），是全方位的防盗系统，能将报警信息和报警车辆的具体位置悄无声息地传送到报警中心，具有车辆定位、路况信息查询、遥控熄火、人工导航、网络查询及跟踪等多种功能。

GPS卫星定位汽车防盗系统属网络式防盗器，是靠锁定点火或起动装置进行防盗的，同时还可将报警信息和报警车辆具体所在地悄无声息地传给报警中心。必要时可以使用手机关闭车辆油路、电路并锁死所有门窗。当GPS防盗器遭到非正常的拆卸时，它能自动发出报警信息。但现在选用该装置的车主并不多，主要原因是其价格昂贵。

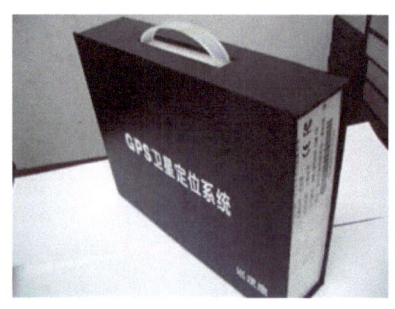 

三、安装方法

下面以"铁将军"牌防盗系统在凯美瑞车型上的安装为例大致讲解一下汽车防盗系统的安装步骤与要求。

1）首先要拆掉左前车门的门槛压条。因为压条是靠扣钉固定的，所以要小心向上提拉，使钉扣松脱。

2）把门槛压条和车体分离开来。

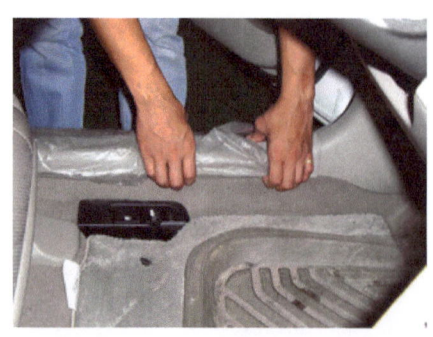 

3）取掉制动踏板边上、侧板上部的塑料螺母。

4）侧板里面有一个扣钉，要轻轻地往里面推，使侧板脱离。

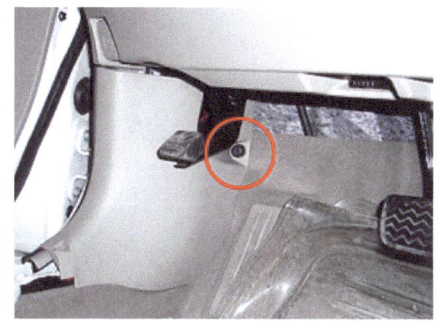 

5）用套筒取掉表台下装饰板左下方的螺钉。
6）取掉表台下装饰板右下方的十字螺钉。

 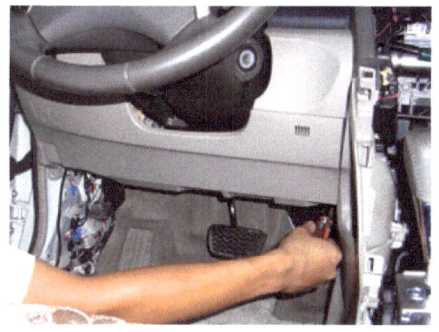

7）小心打开塑料装饰板。注意：装饰板里面有扣钉连接，应稍用力往后拉。
8）同样拉脱左边的扣钉。

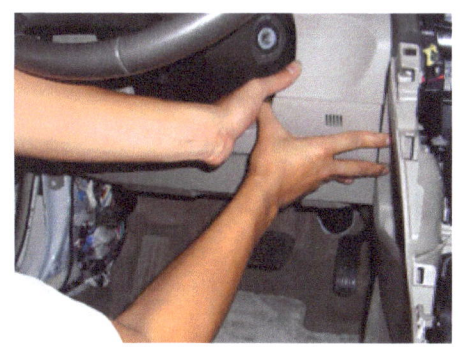 

9）这时，装饰板可从车身上脱离开来。
10）右边有原车插头，应小心拔掉。

11）左边是发动机舱盖拉线开关，如图所示把蓝色线头向右推出。
12）并用手指夹住线头拉出塑料沟槽，即可取掉拉线头。

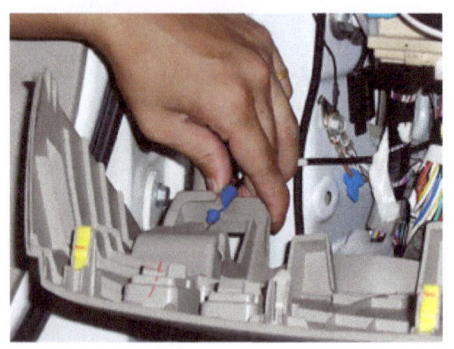

13）中间部分是电脑检测端口，小心取出，整块饰板即可完全被取下。
14）取掉转向盘下部的饰板，下一步的接线工作将在这里展开。

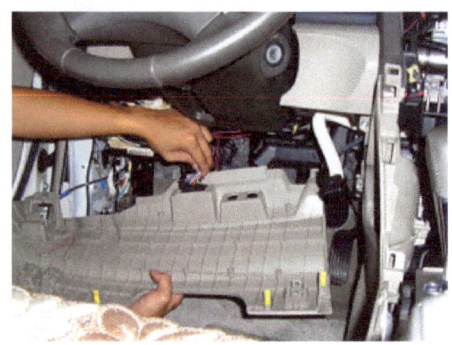

15）黑色粗线为12V常电，把防盗主机的12V线和它连接起来；蓝色粗线为ACC，把防盗主机的白色ACC与它连接起来；白色为制动踏板线，把防盗主机橙色的制动线与之连接起来。
16）绿色和红色为转向灯线，把它们和防盗主机线组里两条棕色的转向灯线相连，无需考虑左右。

17）中控锁为负触发。原车紫色线为关锁线，把主机线组里白色的关锁线与它连接起来；原车灰色为开锁线，把主机线组里白黑色的开锁线与它连接起来。
18）原车制动踏板线束里的蓝色线是门灯线，把主机线组中蓝色的边门触发线与之连接起来。
19）原车制动踏板线束里的蓝色线是门灯线，把主机线组中蓝色的边门触发线与之连起来。

20）原车制动踏板线束里的黑色线为开启行李箱线，是正触发，需剪断加继电器。

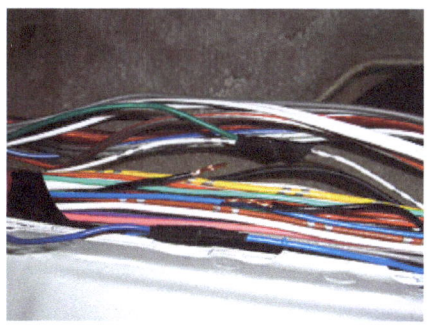
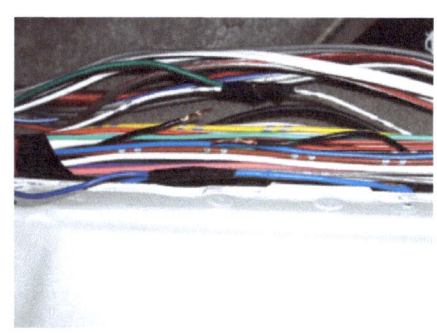
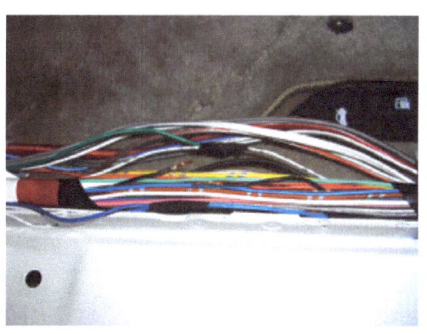

四、注意事项

1）一定要把汽车的防盗锁安装到位，最好让锁芯的朝向平行于车体地板，与车内固定物的距离越近越好，但起码要保证100mm以上的空间。

2）确保车辆安全的有效方法是对汽车的关键部件上锁，并使锁的防破坏能力增加。因此，同时使用汽车报警器和汽车防盗锁进行防盗，发挥其各自的优点，才能更具有防盗效果。

3）防盗系统虽然很强大，但并不是万无一失的。目前，不少轿车在出厂前会预装车用计算机防盗系统。要想让计算机通知相关系统开始工作，并起动发动机，只有钥匙芯片数据与车载计算机预存数据相符才能完成。若防盗系统出现故障，切勿自行拆卸，要到专业维修店使用专业解码器将故障码清除以排除故障。

你学会了吗？

1. 什么是汽车防盗器？
2. 不同类型的防盗器的特点是什么？
3. 如何进行防盗器的安装？
4. 安装防盗器的注意事项是什么？

第 23 天　汽车倒车雷达

学习目标

1. 熟悉倒车雷达的作用
2. 了解倒车雷达的工作原理
3. 熟悉倒车雷达的选购
4. 掌握倒车雷达的安装

一、倒车雷达的作用

倒车雷达主要包括超声波传感器、主机、显示屏和蜂鸣器等几个部分。

1. 超声波传感器

超声波传感器发射并接收超声波信号，通过超声波传感器可以完成对距离的测量。

2. 主机

主机的作用是发射正弦波脉冲给超声波传感器，处理其接收到的信号，并换算出距离值，然后把数据传递给显示器。

超声波传感器

倒车雷达主机

3. 显示屏或蜂鸣器

显示器依照距离的远近显示距离值，同时能通过蜂鸣器提供不同级别的距离报警音。

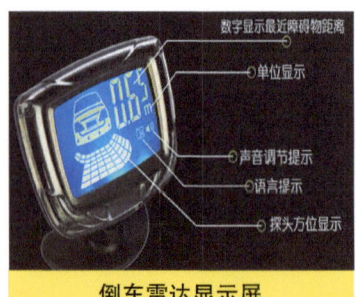

倒车雷达显示屏

倒车雷达蜂鸣器

二、倒车雷达的工作原理

倒车雷达由超声波传感器（探头）、控制器（主机）和显示器（或蜂鸣器）等组成。倒车雷达超声波测距由控制器控制，并由传感器发射超声波信号，若遇到障碍物就会有回波信号，传感器经控制器将收到的回波信号进行数据处理并判断出障碍物的位置，再由显示器显示距离并发出警示信号。得到及时警示后，驾驶人倒车时便能了解到车周围的具体情况，使倒车更加安全。

以前，倒车雷达产品只在轿车上有应用，而且是高档轿车的标准配置。目前，新型的倒车雷达在探头方面的改进很大，无论是旅行车还是已加装保险杠的越野车等都有相应的感应器与之匹配，令倒车雷达逐渐得到了普及。

新型的倒车雷达除了提供声音提示外，其他的功能还有：可通过选装显示器看车后的情况，辨别方位并体现距离，报警的声音可以调节。

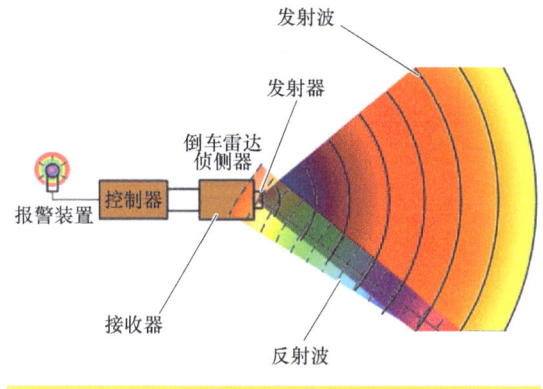
倒车雷达工作原理

可视倒车雷达

三、倒车雷达的选购

1. 外观

选购倒车雷达时要考虑其安装后与汽车的协调性，要做到美观得体。例如，传感器的颜色与保险杠的颜色是否相一致、是否有大小合适的尺寸等。传感器根据其外形通常分为融合式和纽扣式两种，融合式传感器表面的造型会有多种变化，而纽扣式传感器的表面通常是平的。车主可按照自己的习惯选择前置式或后置式显示器两种，通常情况下主要以清晰美观为标准。

2. 功能

倒车雷达根据其功能可分为 LCK 距离显示、声音提示报警、方位指示、语音提示、探头自动检测等。声音提示报警、距离显示、区域显示和方位指示等是一个功能较齐全的倒车雷达应该具备的功能，某些产品还具备开机自检的功能。

3. 性能

衡量倒车雷达时主要依照探测准确性、显示稳定性、探测范围和捕捉目标的速度等因素。探测的准确性主要以探测误差和显示的分辨率来衡量。显示距离和实际距离之间的差距为探测误差，通常好的倒车雷达探测误差要小于 3cm 低，而更好的倒车雷达能达到 1cm 的误差。但一般产品会有 10cm 的显示分辨率。

显示的稳定性的评价标准主要是在障碍物反射出现一些状况时，能否稳定地把障碍物的距离显示出来。

为防止行人突然从车后穿过，驾驶人来不及反应而造成交通事故，就要求倒车雷达捕捉目标的速度要快，这能反映出倒车雷达对移动物体的捕捉能力。

四、倒车雷达的安装

1. 安装位置与方法

（1）粘附式安装

1）安装位置。粘附式安装有无需在车体上开孔、只需在适当的位置把报警器粘贴上即可的特点，但仅限于具有粘贴性探头的报警器，汽车美观均不会受安装拆卸报警器的影响。

这种报警器通常安装在尾灯附近或行李箱门边上，0.66~0.8m 为探头安装的最适宽度，0.55~0.7m 为安装的最适离地高度。

2）安装方法

① 在感应器（探头）上套上附带橡胶圈，引线向下且垂直于地面，通常不会在汽车最尾部安装探头，防止被撞坏。

② 确定安装传感器（探头）的位置，侧视 90° 应无障碍物，不然会对探测结果产生影响，出现误报警。

③ 必须选择垂直方向进行传感器贴合，不能向上或向下，否则会影响使用。

④ 把双面贴用电吹风加热，然后将面纸撕下，贴在确定部位，48h 后便可达到最佳贴合效果。

⑤ 应将报警器的闪光指示灯安装在仪表板上易被驾驶人视线捕捉的位置上。

⑥ 控制盒安装的位置要安全、凉爽、干燥和防水，通常在行李箱侧面安装。

⑦ 通常将蜂鸣器安装在后风窗玻璃前的平台上。

⑧ 应避免传感器屏蔽线被压扁或刺穿，且铺设要隐蔽。

（2）开孔式安装

1）安装位置。安装开孔式探头的报警器时，通常在汽车尾部或保险杠上安装探头，其他部件的安装方式与粘附方式相同。

2）安装方法

① 在车尾或保险杠上开孔。

② 在已经打好的孔内安装上胶套。

③ 把已经连接好的探头从基材背面安装在探头胶套上。

④ 探头的颜色要与车身或保险杠的颜色相配。

2. 安装示例

下面以"铁将军"牌倒车雷达在铃木雨燕车上的安装程序为例，大致介绍一下倒车雷达的安装方法。

1）准备一套倒车雷达待安装产品。分别为两条探头延长线、两个超声波探头、线组、显示器和主机盒。

2）拆掉驾驶人侧 A 柱装饰板，以方便显示器过线。

3）拆掉转向盘下部的装饰板。
4）在拆门槛边上侧板前，先取掉固定螺钉。

5）取下侧板。
6）接下来，我们要给 E、H 探头定钻孔位。从保险杠和翼子板的接缝处往前测量 41cm 即为 E 探头的位置。

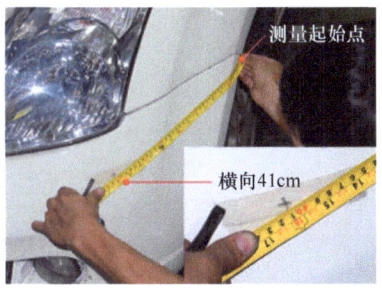

7）高度定为离地 52.5cm。定位完毕，在预先贴好的美纹纸上画上十字。
8）注意：定位 H 探头的高度位置时，不要直接以地面为标准向上测量。因为车辆由于左右轮胎气压不同以及车内货物重量等因素，会造成左右探头位距离地面的高度并非完全相同，所以我们应该从相对应的车体位置来定位。如：E 探头离车灯接缝 10.5cm，那么 H 探头也应从车灯接缝往下量 10.5cm，这样才能保证左右探头完全对称。

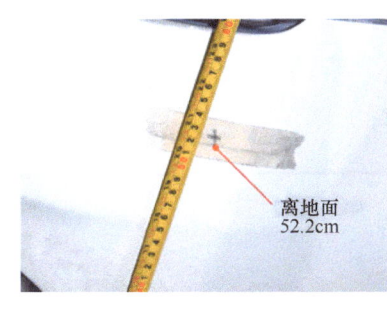

9）定位完毕即可钻孔，钻孔过程中应注意及时清理钻头内的碎屑。
10）把探头连接到延长线上，利用铁线把延长线导入发动机舱并安装上探头。
11）由于原车左边 A 柱下方已安放了 GPS 显示器，雷达的显示器须放置到右侧 A 柱下方，把显示器线用胶刀藏入风窗玻璃和中控台的接缝里。
12）把显示器用 3M 胶粘贴到 A 柱下。
13）雷达线组粉色的 ACC 线接到原车转向盘下浅蓝色的 ACC 线上。
14）雷达白色的行车制动线接到原车绿白色的行车制动线上。
15）把雷达线组的黑色地线接到原车门槛下黑色的地线上。

16）接线完毕后，把主机安装到转向盘下方合适的地方。测试功能正常后，即可恢复拆下的饰板和饰条，安装即结束。

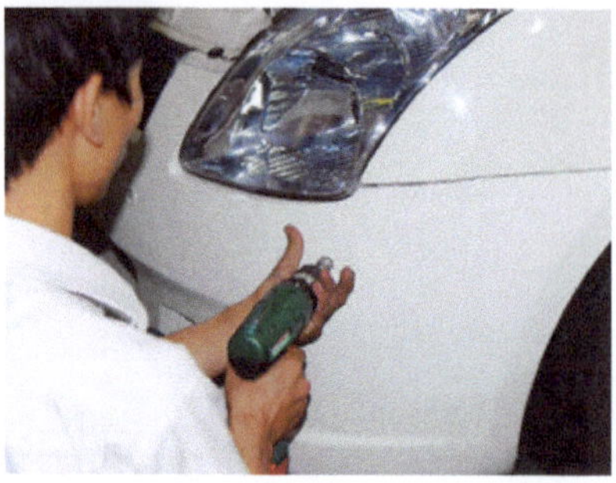

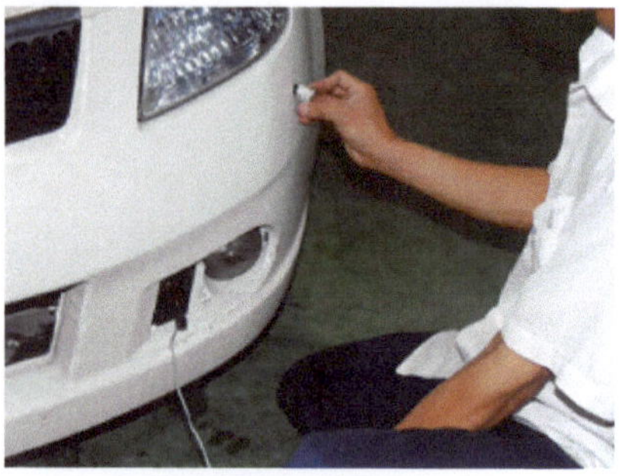

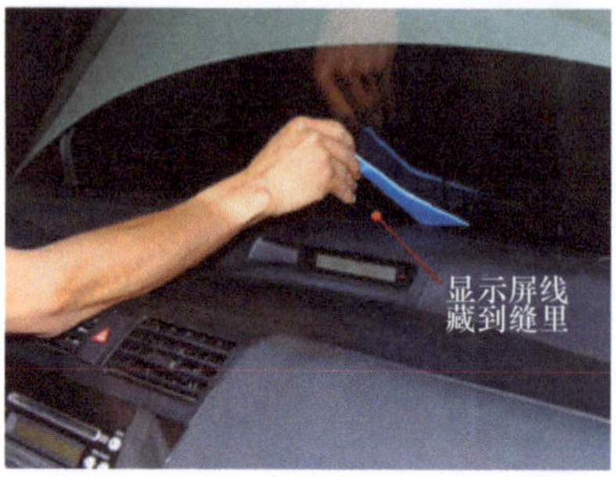

显示屏线藏到缝里

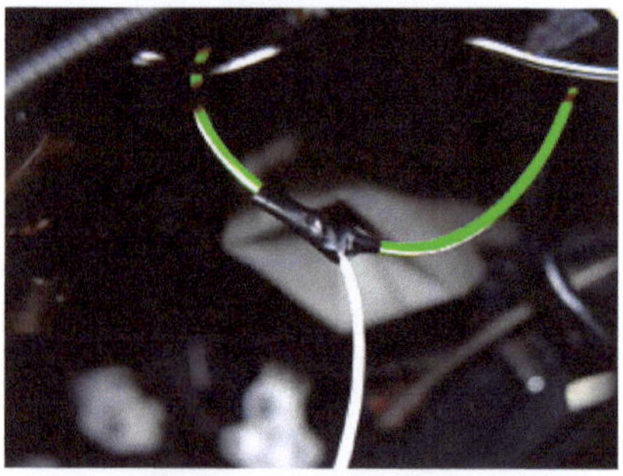

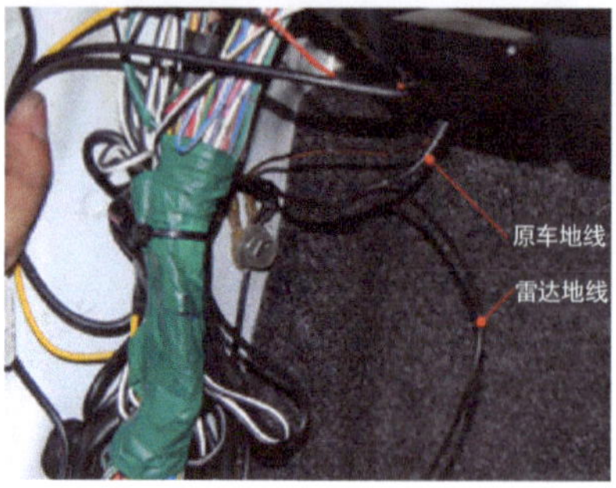

原车地线
雷达地线

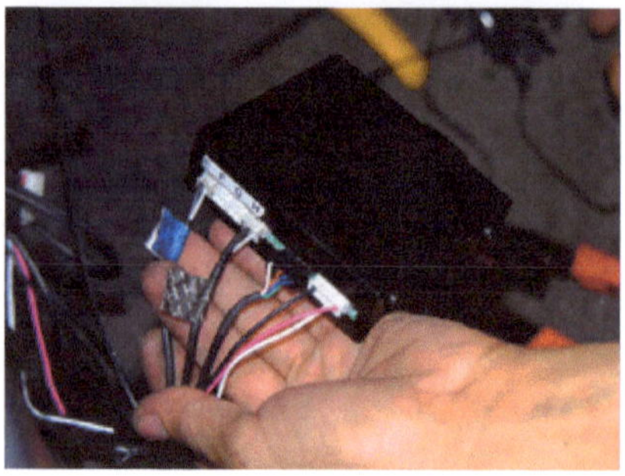

你学会了吗?

1. 倒车雷达的作用是什么？
2. 倒车雷达的工作原理是什么？
3. 如何选购倒车雷达？
4. 倒车雷达的安装过程是怎样的？

第24天　加装汽车天窗

学习目标

1. 熟悉汽车天窗的安装要求
2. 掌握汽车天窗的安装步骤
3. 熟悉加装天窗的注意事项
4. 了解加装天窗后有何疑问

一、汽车天窗的安装要求

选好天窗后，还必须进行高规格的安装。如果安装的质量差强人意，经过一段时间的使用后，便会出现天窗难以开启、车顶渗水等现象。

1. 天窗的安装步骤与要求

（1）详细阅读天窗安装使用说明书　要仔细阅读天窗的安装和使用说明书后才能进行安装，如有必要，应按照配套安装的使用要求再重新检查一遍。如果发现问题，就要及时进行调换。

（2）按天窗的安装要求进行施工　要严格按照天窗安装使用说明书进行安装，上面对安装的要求、步骤和方法都有明确的规定。

（3）电动天窗的安装步骤

1）首先把汽车清洗干净并将安装所需要的工具和配件准备好。

2）确认汽车电路完好无损，要打开前照灯、音响等电器设备进行检查。

3）把汽车的棚顶在驾驶室内拆卸下来。

4）对天窗的安装位置进行准确测量，在准备安装天窗的位置用不干胶将施工图纸精确固定住，在车顶利用电钻钻孔定位（至少4个）。

5）将天窗位置用电剪按照施工图纸标线（通常第一遍是沿着内框红线）剪下来（如果安装的天窗较大，可能会占据车顶安全防颤梁的位置，在此情况下应锯掉安全防颤梁）。

6）将天窗的安装位置沿着施工图纸标线（外框精确控制线）准确地剪出来。

7）打磨剪出的切口至圆滑并涂抹防锈剂做防锈处理。

8）按照安装天窗的位置，精确测量出所需内顶的尺寸并将裁剪内顶。

9）精确地把天窗安装到车顶并将固定螺钉拧紧。然后把排水管和天窗驱动电动机等部件固定好。

10）把仪表板拆开，遵循说明书的要求接好电线并进行隐蔽布置。

11）将汽车内棚顶、仪表板等装回原来的位置，安装电动天窗控制盒。

（4）检查安装质量　安装完天窗后，要检验安装质量并进行试运转，例如做淋雨试验等，以检验天窗的性能及安装质量。

2. 汽车天窗安装示例

下面以奇瑞QQ加装德国伟巴斯特天窗为例，大致讲解一下汽车天窗的加装方法。

1)确定尺寸,贴胶布。

2)切割内饰。

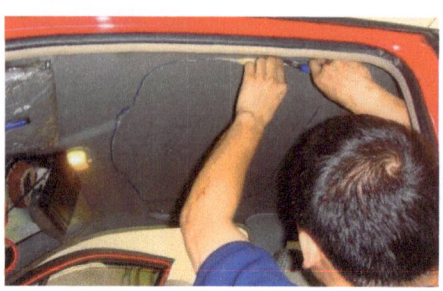 

3)切割车顶。

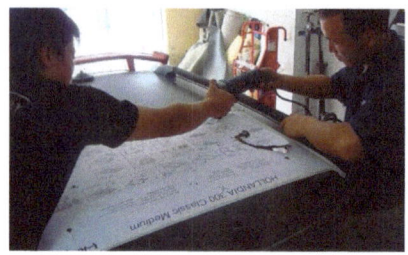 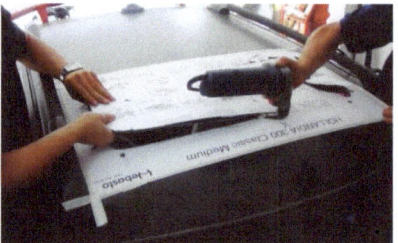

4)修理切割边幅。

5)在天窗上贴上密封条。

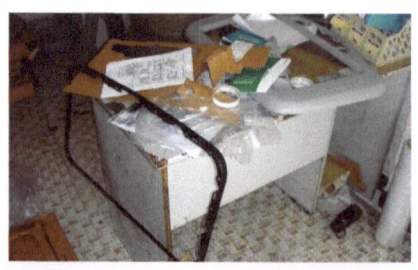 

6）安装天窗。

7）固定螺钉。

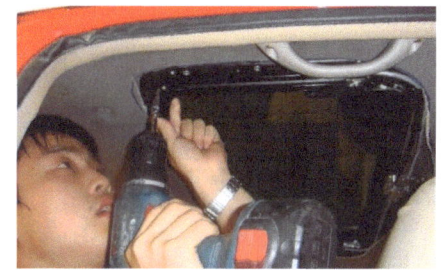 

8）从 A 柱布线。

9）安装完毕。

 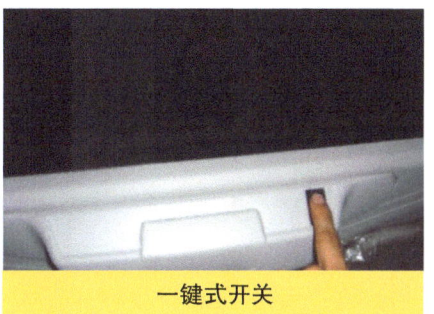

外滑式，完全打开的样子　　　　　一键式开关

二、加装天窗的注意事项

安装汽车天窗的过程中不能受到任何外界干扰，作业时要求细致、认真，若条件允许，在封闭的车间安装最佳。安装时要使用专业安装工具，如果天窗切口处理不得当，则汽车今后的防水性会受到直接的影响。安装的关键技术为天窗内外两层框架的合并，在合并的同时还要做密

封处理。只要按照正确的操作步骤科学地安装，通常情况下是很难出现漏水现象的。

内藏式天窗的边框上通常有 4~6 个固定支撑点，用螺钉固定在车门纵梁上，无需车顶承重。安装外掀式天窗后一般要在车顶上用 12~16 个螺钉将天窗的内外框架夹紧，使天窗与车顶基本联成一体。

也有人认为，在加装天窗时，尽量不要用除天窗自带零件外的其他加强梁进行补救。虽然车身的轻微变形在加了加强梁后减少了一些，但这些加强梁采用局部焊接的方式安装因车顶较薄，通常情况下焊点强度不会很大，所以对车顶的加固不会起到根本上的作用。尤其要注意的是，在发生事故时，这些横梁还可能成为潜在的"杀手"，会威胁司乘人员的人身安全。

吉普车、跑车等非一般的车型不适合后加天窗。因为吉普车和跑车的车顶钣金结构比较复杂，有的汽车车顶还安装有其他设备，比如空调管路、电路、灯具等，通常情况下，这些车辆不具备后加天窗的条件，故难以安装。

三、关于加装天窗的疑问

1. 安装天窗是否漏水

安装天窗时使用特制胶水和紧固件来连接天窗与车顶，通过用 20 余只螺栓夹紧铝合金内外框的密封材料可解决掉漏水的问题。外倾式天窗的玻璃板和框架之间的防水需用密封圈；内藏式天窗为了不让雨水渗入车内，其四周设有排水管，能将进入天窗周围的水排走。而且，安装天窗后都要进行射水测试，如果在测试中发现一些问题，要马上解决。

2. 天窗是否会减弱车顶部的刚性

汽车天窗与车顶固定时，天窗的合金框架不会使车顶的刚性减弱，反而会提高其强度、加固车顶。为避免车顶下陷，支撑天窗时，在汽车顶部要用特别的支架。

3. 天窗的电路

电动天窗的控制系统依靠配置电脑程序来完成，操作简便快捷。安装天窗后，还具有防火的功能；若遇障碍物时，其开闭和记忆识别能自动停止。有些车主会担心，这个装置是否会对车内的其他电路形成干扰？其实无需多虑这个问题，因为天窗的线路在电瓶上是直接连接的，不隶属于任何分支，因而不会对其他电路形成干扰。

4. 安装天窗后是否有很大的噪声

向外抽车内的空气，不会出现类似开启侧窗时引起的灌风，这就是天窗的原理，同样也是排风扇的原理，因此形成的风噪会比较小。可以这样说，汽车天窗相比于开侧窗所产生的噪声是无足轻重的。

5. 天窗玻璃破碎会否伤及乘客

天窗有非常大的强度，是依照国际标准生产的钢化安全玻璃制成的，如发生碎裂，会变成颗粒状，不会伤及到驾乘人员的人身安全。

你学会了吗?

1. 汽车天窗的安装要求是什么?
2. 汽车天窗的安装步骤包括什么?
3. 加装天窗的注意事项是什么?
4. 加装天窗后有何疑问?

第 25 天　教你快速改装氙气前照灯

学习目标

1. 了解氙气灯的特点
2. 熟悉氙气灯的选购方法
3. 掌握氙气灯的改装方法

一、氙气灯的特点

氙气前照灯是如今量产车上最为先进的前照灯光。

1. 亮度高

普通的 35W 氙气灯与 55W 卤素灯光相比，前者的亮度比后者可提升 300%，在开车时使视野变得更长、范围更广，使您在开车时的舒适感得到前所未有的提升，黑夜从此不再黑暗，会有更加清晰的视野，还可降低行车事故发生的概率。

2. 寿命长

氙气灯的使用寿命较长，因其发光是利用电子激发气体，且不存在钨丝。按照以往实践的检验，氙气灯灯泡的寿命可以与车辆的使用寿命相媲美。这就是说，只有出现意外事故时，才需要更换灯泡。它的寿命与普通卤素灯泡寿命之比为 6∶1，可见氙气灯的使用寿命确实高出一筹。

3. 节能

氙气灯发光的亮度很高，从而使汽车电力系统的负荷大大减轻了，可节省 40% 的电力损耗，车辆性能也会随之提高，最终实现节约能源的目的。

4. 色温性好

氙气灯发出的光与太阳光的光色相似，在广大的车主中，赢得了良好的口碑。相比之下，卤素灯发出的光色就显得有些黯淡了。

5. 安全性好

氙气灯的最大魅力体现为它的安全可靠，据不少使用过氙气灯的车主介绍，安装氙气灯的汽车，在行驶时视线将会变得更好，对夜间驾驶的安全性提供了很大的保障。这主要是因为氙气灯拥有更有效的多重光束和强度，在很大程度上能够提高车前方的照明，从而更加清晰地看到路边的标志，这对汽车安全行驶所做的贡献是不可磨灭的。

6. 应急性好

因为氙气灯的发光原理与卤素灯不同，当蓄电池出现供电故障时，氙气灯会在几秒之后才熄灭，从而使车主有一定的反应时间来解决突发情况。

7. 价格昂贵

氙气灯组的价格较贵，普通的也会高达两三千元，因而现在还无法在经济型轿车上广泛使用，而且维修的费用也不低。

二、氙气灯的选购

1. 要货真价实

选氙气灯时要注意产品的出处，不选假冒品牌，选购时最好选择进口知名品牌或国内有技术专利厂家生产的成套氙气前照灯灯具。

现在的品牌真假难辨，这些假冒品牌的产品价格虽然便宜很多，但对行驶中的驾驶人来说，很难保证安全，存在很大的驾驶风险。

2. 选氙气灯要看欧盟e-mark认证

欧盟e-mark认证是世界公认的技术标准，如果氙气灯产品获得了此认证，则不仅能保证过硬的产品质量，在使用中也不会干扰车内的其他电子设备。

3. 看产品的工艺细节

选购时，要仔细查看产品的工艺，比如安定器接线口的极性标注、防水设计、固定支架等，这些地方平常很难引起人们的注意，此时却正能体现产品的成熟程度。

4. 工作温度

安定器将汽油车的12V电压变压到23000V，稳定工作电压在7000V，起动电流高达12A，稳定工作为3.5A左右。电压和电流如此之高，对电子元件而言是难以承受的。而质量好的氙气灯，工作温度就会控制得较好，不会太高。装完以后，最好点亮十几分钟，然后触摸安定器表面，感受其温度，若温度超过60℃，则视为质量不合格，应选择放弃购买。

5. 氙气灯的色温并非越高越好

氙气灯的色温通常在4000~6000K之间，并不是越高越好。如果达到8000K或10000K，反而会使照明效果下降。氙气灯的色温有4300K、6000K、9000K等几种。

6. 不要忘记索要质保卡

在完成氙气灯的安装后，一定要记得向商家索要产品质保卡。

三、一步一步看氙气灯的改装方法

氙气灯与卤素灯相比，有不少优越之处，已逐渐成为中高端车型的基本配置。但是普通的氙气灯改装十分麻烦，防尘套的开孔、线路的更改、电源的接驳、安定器的放置等，整个改装过程需要耗时1h甚至更久。其实，改装氙气灯也可以不假手于人，自己动手20min也能改好。

本处以帝豪EC7的改装为例：这次改装时选取了色温6000K的H7灯泡，功率为35W。车主可以根据自己的个人喜好选择灯泡型号与色温。

疝气灯泡色温区分对照表

色温	3000K	4300K	5000K	6000K	8000K	10000K	12000K	TB 天蓝	ZB 紫蓝	粉红
灯光颜色	黄光	白中带黄	白中带微黄	白光	白中带蓝光	浅蓝光	深蓝光	天蓝	紫蓝	粉红
亮度	3500lm	3200lm	2900lm	2600lm	2200lm	2000lm	1800lm1	1500lm	1500lm	1500lm

（1）选择灯具　6000K的H7灯泡，功率为35W。安定器采用一体化设计，不但美观，而且可以避免繁琐的布线问题。外层材料更能起到防水防热的保护作用。

（2）拆卸近光灯防尘盖　在进行改装之前，车主需要了解自己车型的近光灯与远光灯的位置。一般情况下，近光灯都在靠外侧，而远光灯则在靠内侧。帝豪EC7的防尘盖为软胶材质，并不难取下，稍微用力就可以取下来。

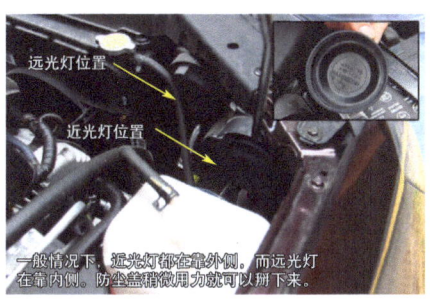

（3）拆卸弹簧固定夹　把防尘盖掰开后，我们可以隐约看到其内部的构造。把U型的弹簧固定夹松开后，可以轻易地取出原车车灯。

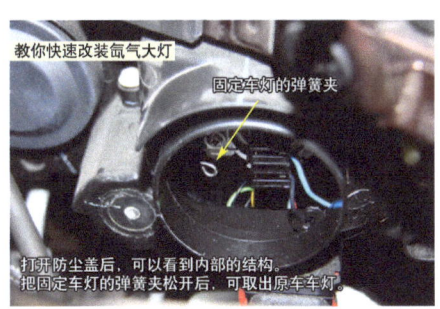
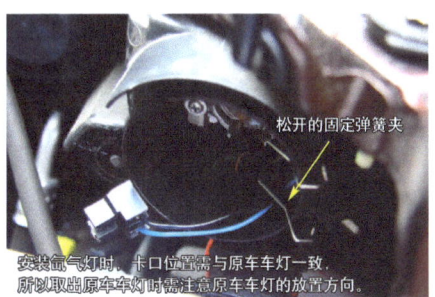

（4）拆卸弹簧固定夹　把防尘盖打开后，我们可以隐约看到其内部的构造。把U型的弹簧固定夹松开后，可以轻易地取出原车车灯。

把氙气灯安装正确后，盖上安定器。安定器上有两条线口，一条与氙气灯上的电源进行接驳，另外一条则与原车的电源进行接驳，<u>注意接驳的电源线颜色要一致</u>。

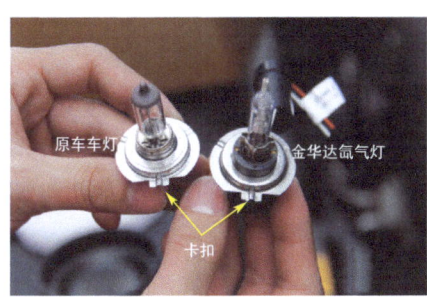
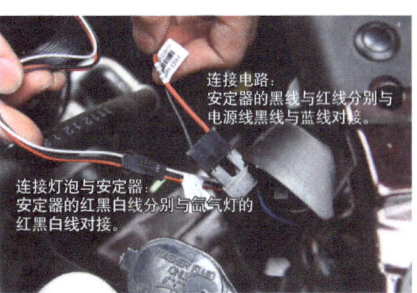

（5）安装固定　线扣接驳完成后，盖上安定器与防尘盖，然后用铁箍固定。

整理好线路后，把安定器与防尘塞盖好。

因为防尘塞为软胶，所以需要用铁箍将其固定。

右边车灯的安装大约需要 15 分钟，而左边车灯因为离蓄电池比较近，操作空间较小，需要的时间会相对长一点。

（6）改装完后对比　改装完成后，我们一起来对比一下效果到底如何。因为我们使用的是专车专用型的氙气灯，所以更改前后，车灯光型并无改变，但是亮度提升了不少。原车的灯光偏黄；改装后，灯光的颜色接近日光灯，车主可以得到更好的视野。

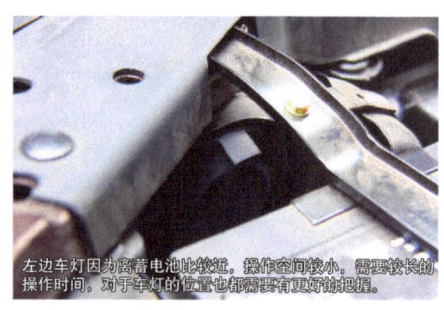
左边车灯因为离蓄电池比较近，操作空间较小，需要较长的操作时间，对于车灯的位置也都需要有更好的把握。

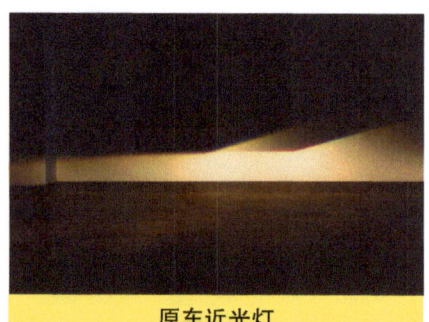
原车近光灯

改装后的氙气灯近光灯

原车远光灯

改装后的氙气灯远光灯

你学会了吗？

1. 氙气灯的特点是什么？
2. 如何进行氙气灯的选购？
3. 氙气灯的改装方法是什么？

第26天 汽车的隔音降噪

> **学习目标**
> 1. 了解噪声的危害
> 2. 了解噪声是如何产生的
> 3. 了解汽车隔音的功效
> 4. 熟悉汽车隔音材料的选择
> 5. 掌握汽车隔音改装的工作内容
> 6. 掌握什么样的车需要进行隔音改装
> 7. 掌握汽车隔音改装的操作步骤
> 8. 了解隔音的误区
> 9. 熟悉汽车隔音改装的注意事项

一、噪声的危害

汽车隔音产品诞生于20世纪80年代末,到目前为止经过近30年的发展,已经形成了成熟的汽车隔音产品。在汽车的行驶过程中,这些产品不仅可以使车内的噪声降低,还可以使汽车音响的音压和音色得到提升。所以说,汽车隔音原本的创立目的就是让更多的车主拥有更好的生活品位,并且能享受更优雅的驾驶乐趣,使生活得到升华。现在的汽车隔音产品,价格低廉且性能更佳,大多数的车主都可以享受其赋予的高品位生活。

经科学研究证实,如果人长期生活的环境的声音在80db以上,会有50%的人出现耳聋。需要注意的是,如果经常戴耳机听音乐,严重时会导致永久性耳聋。此外,若噪声经常环绕在你身边,你就会产生一系列的不适症状,比如眼睛睛的敏感性下降、瞳孔散大、色觉和视野不正常,从而出现眼花、视力下降、反应迟钝等现象。大多数经济型轿车在行驶的过程中,室内的平均噪声在75~85db之间,因此要避免长时间的驾驶,长时间驾驶不但会使身心受到损伤,更是诱发交通事

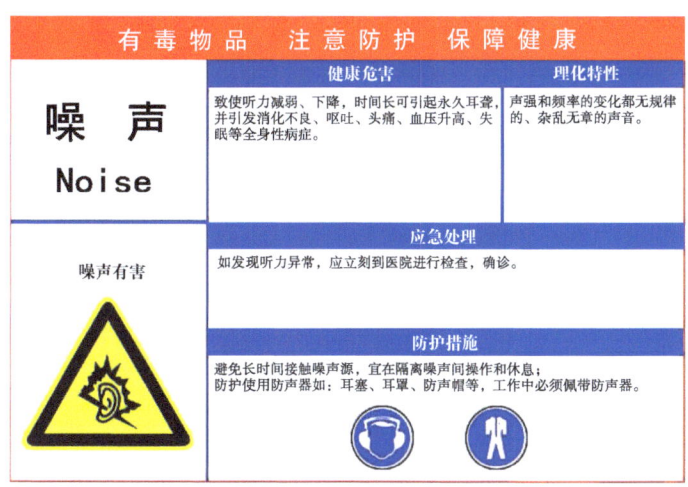

故的一个关键因素。

二、噪声是如何产生的

汽车的噪声到底来源于哪里呢？有针对性地找出车上不同的噪声来源后，才能对症下药，治理"噪声"。汽车噪声有四个"源头"：发动机噪声、轮胎噪声、空气中的噪声和车身结构造成的噪声。

1. 发动机噪声

除发动机体发出的机械声外，还包括进气系统噪声，即高速气体经空气滤清器、进气管、气门进入气缸所产生的噪声，在高速气体流动过程中，会产生一种很强的气动噪声。发动机噪声主要由挡火墙和驾驶室的前底板部位传入驾驶舱。

2. 轮胎噪声

一般的胎噪主要由三部分组成：一是轮胎花纹间隙的空气流动和轮胎四周空气扰动构成的空气噪声；二是胎体和花纹部分振动引起的轮胎振动噪声；三是路面不平造成的路面噪声。

3. 空气噪声

一是风噪，就是由车身周围气流分离导致压力变化而产生的噪声；二是风漏，或叫吸出音，是由驾驶室及车身缝隙吸气而与车身周围气流相互作用而产生的噪声；三是其他噪声，包括空腔共鸣等。

4. 车身结构噪声

主要受两个方面因素的影响，一是车身结构的振动传递方式，二是车身上的金属构件在里外作用下振动而产生噪声。

三、汽车隔音的功效

1）汽车的钣金通过减振材料进行减振和密封处理，改善喇叭安装环境的缺陷，可使汽车音响的音压和音质恢复原有效果。

2）汽车上的减振及隔音处理通过减振材料和隔音材料进行，可使汽车钣金结构传递的噪声降低，并拥有更加舒适的驾驶环境。

四、汽车隔音材料的选择

理论上，任何一种材料（物质）即使只是一张纸、一块布，都具有不同程度减振、隔音、吸音的能力。从以上的论述我们可以知道，密封、减振、隔音、吸音是阻断噪声传播的主要有效途径。若以减振为基础，然后进行隔音、吸音以及密封处理，便可以达到宁静柔和的效果。在全车进行隔音降噪的过程中，降噪的效果受到的影响，会直接在所使用的隔音产品本身具有的吸音性能上体现出来。

车用降噪产品可分为减振材料、吸音材料、隔音材料和密封材料四类。现在市场上的隔音产品的品牌种类繁多，但多数品牌不具有生产和研发的能力，只是变相地使用不同的工业用料。理想的汽车隔音材料从轻量化的发展趋势来看，应该是这几种隔音原理要综合运用到一种产品上，而绝对不只是减振、隔音、吸音产品的分别粘贴。

五、如何做好汽车隔音改装

1. 汽车隔音改装的工作内容

发动机盖：高效反射和消耗噪声，同时阻隔发动机的辐射热量，保护发动机盖的漆面免受高温烘烤。

前翼子板：抑制行驶振动噪声，有效阻隔胎噪、路噪传入驾驶舱。

正副驾驶舱脚底板：抑制车辆底板振动，阻隔路噪，克制颠簸噪声。

四门：高效抑制车门钣金振动，阻隔外界噪声，将车门变成扎实的箱体结构，改善音响声场，提升音色、音质。

行李箱：抑制振动噪声，改善音响效果，阻隔外界噪声传入。

行李箱地板：消除胎噪，抑制底板振动噪声，客服嗡鸣声，改善音响效果。

后翼子板及后轮弧：有效阻隔胎噪，消除空腔共振，阻隔路噪传向驾驶舱。

2. 什么样的车需要进行隔音改装

目前在售的所有车型在出厂时都有隔音措施，只是程度参差不齐。高档车由于定位高端，隔音做得自然非常出色，理论上讲没有再次进行隔音的必要。对于相对苛刻的高档车车主来说，即便要求再做隔音，原本比较安静的车内要想更加安静也非常困难，并且花费也会很高，因此隔音改装主要还是定位于中低端车型中，以改善车内环境为最终目的。

3. 汽车隔音改装的操作步骤

做隔音算是一个工程浩大的施工作业，并不只是把隔音棉贴进车内就完事了，还需掌握诸多细节。下面以本田雅阁7代为例，大致讲解一下汽车隔音改装的操作步骤。

（1）底盘隔音　做汽车底盘隔音，主要是针对轮胎与地面摩擦所产生的路噪声，汽车底盘隔音做得好，能最大程度地降低轮胎与地面摩擦所产生的路噪声，降低路噪声。

做底盘隔音的前提是需要先把地毯和座椅全部拆出来，然后再用吸尘器把车内的灰尘吸干净。当然，为求施工环境良好，最好再用抹布把车内全部擦一遍。

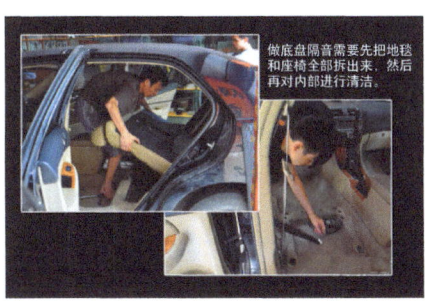

待做好清洁工作后，第二步则需要按比例裁剪好隔音减振胶，按照条形贴法把减振胶贴在底盘上。铺好减振胶贴后，需要用滚轮压紧减振胶，然后把减振胶和底盘的钣金融合在一起，并在上面铺一层隔音棉。

（2）行李箱隔音　行李箱隔音主要是为了降低车内噪声，因为原车行李箱只有止振垫，而没有隔音垫。但是，要是做隔音的话建议还是将4门、底盘、行李箱、车顶及U型槽一起做，这

样才能有效果。如果只单独做行李箱的话，效果肯定不是很明显！

做行李箱隔音和做底盘隔音的步骤差不多，第一步首先都是"拆"。先把行李箱和行李箱盖的衬板卸下来。有趣的是，当我们拆下行李箱和行李箱盖的衬板后，居然发现底盘放备胎的位置已经生锈了。

拆完之后的步骤仍然是需要做清洁，然后再开始剪裁减振胶，不过要注意的是，行李箱的位置会突现较大的螺钉孔，我们需要把这个位置留出来。

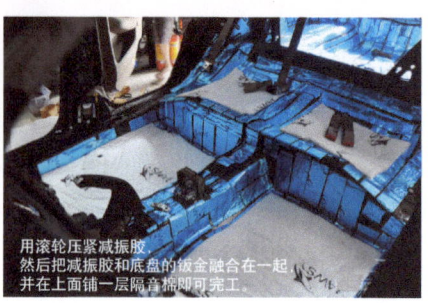
用滚轮压紧减振胶，然后把减振胶和底盘的钣金融合在一起，并在上面铺一层隔音棉即可完工。

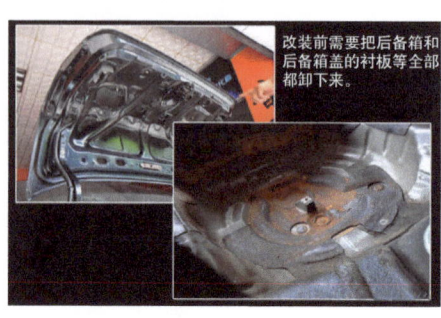
改装前需要把后备箱和后备箱盖的衬板等全部都卸下来。

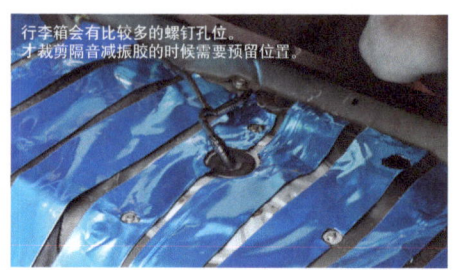
行李箱会有比较多的螺钉孔位，才裁剪隔音减振胶的时候需要预留位置。

铺好减振胶之后，再铺上隔音棉即可。其实，雅阁原车的行李箱位置是有隔音棉的，虽然其材质和新换的隔音棉没法比，但相比一些车型来说算是不错的了，因为有些车型的行李箱只有钣金和装饰衬板，根本就没有隔音棉。

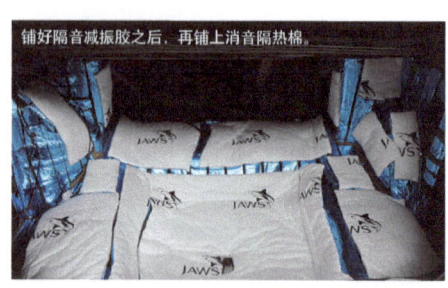
铺好隔音减振胶之后，再铺上消音隔热棉。

行李箱盖也都需要贴好隔音减振胶，但是不需要贴消音隔音棉。

（3）顶棚隔音 因为顶棚和底盘一样拥有最大的钣金面，产生的共振也比较多，所以做顶棚隔音还是很有必要的。在夏天时，顶棚隔音还有着明显的隔热效果，在冬天还会起到保温效果，而且还能减小下雨时"嘀嗒嘀嗒"的雨声。

做了底盘隔音、行李箱隔音，再加上一个顶棚隔音才能更体现出效果。当然，在步骤上其实和前两者一样，

隔音改装的第一件事就是"拆"，顶棚的拆卸会比车身其他的部分容易一点，但是施工却没有那么便利。

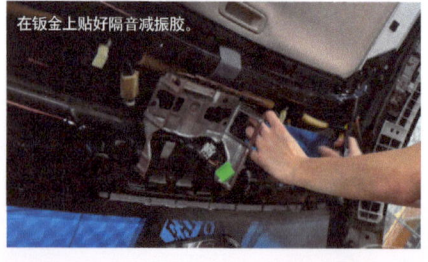
在钣金上贴好隔音减振胶。

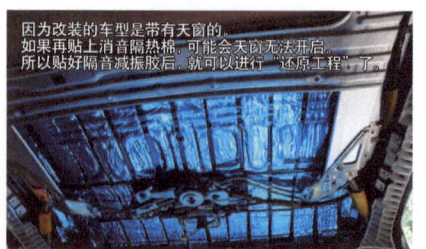
因为改装的车型是带有天窗的，如果再贴上消音隔热棉，可能会令天窗无法开启，所以贴好隔音减振胶后，就可以进行"还原工程"了。

都是先拆后装。

（4）车门隔音　按照先外后内的顺序拆除内饰件，露出工作表面。将拆下的螺钉及卡扣放入专用的封口胶袋中并标明拆卸位置，放在指定地点。在拆卸时一定要注意拆卸技巧，不要因用蛮力或用力过猛而损坏面板和漆层。拆卸所有卡扣时要使用专用的起扣工具。

1）施工前要套好保护套，以免施工时碰、刮、擦伤车辆。

2）开始拆门板和发动机盖。

3）左前门拆开后的模样。

4）右前门拆开后的模样。

先将隔音材料在工作面上压成模，再到工作台上使用剪刀或裁纸刀将其分割成所需的大小和形状，必要时可先用纸剪成模型再下料。下料时，应尽可能避免拼接过多和重复下料。

撕去隔音材料背面的保护牛皮纸，将其粘贴到工作表面上。工作表面较大时，应一边揭开保护牛皮纸，一边往工作表面上粘贴，再使用专用滚筒将其压实。有气泡时可用裁纸刀将其挑开，把空气压出，以便让隔音材料紧紧贴在工作表面上。在工作表面上使用剪刀或裁纸刀切割时一定要注意避免割断线路和划伤工作表面。小料和边角料都要贴在内侧强度差的部位，以便进一步提高隔音降噪的效果。

 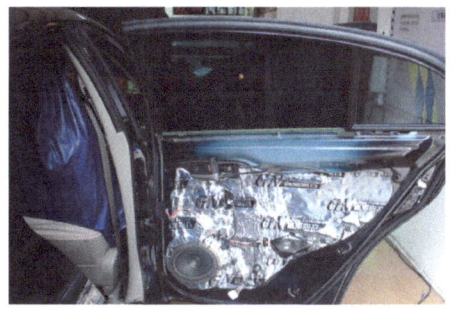

施工完成后将门板装回，所有部件一定要按原样装回；所有螺钉及卡扣都要拧紧、扣紧，避

免产生二次噪声。

通过以上改装，关门声明显变得沉闷；车辆过坎、沟及颠簸路面时，行李箱声音变得扎实；60~80km/h 的速度行驶时，路噪变得更轻渺、更滑顺，外界传入车内的噪声也明显减少；音响环境明显改善，低音效果更加饱满，音乐的层次感增强，高、中、低频非常鲜明，音质有明显提高。

六、隔音的误区

隔音不是一项简单的工程，有人认为用单一的棉将车包一层就可以了。这种想法存在一定的误区，发动机和底盘排气管这些部位的噪声是由于振动而产生的低频，加上钢板所产生的振动，可以说，仅包一层棉对这种噪声是不能起到良好的隔音效果的，在这些地方就应同时使用减振垫和隔音垫治理，才会有令人满意的效果。

七、汽车隔音改装的注意事项

1）在拆卸时一定要注意拆卸技巧，不可用蛮力而损坏板面和漆层，拆卸所有卡扣时都要使用专用的起扣工具。

2）处理附着物时一定要注意用力强度和方向，防止划伤油漆和划破面板。在使用清洁剂后，一定要及时盖上盖子，避免清洁剂挥发或撞翻瓶子。

3）下料时应尽量避免拼接过多和重复下料。

4）切不可覆盖底盘的线路和空调孔。

5）地板的安装步骤要在做完后完成，避免弄脏或损坏座椅和地毯。

6）在对有安全气囊的车进行作业时，一定要拔出钥匙、轻拆轻装，防止气囊爆破而导致受伤。

7）因仪表属精密仪器，拆后较难复原，所以尽量不要拆仪表。

 你学会了吗？

1. 噪声的危害是什么？
2. 噪声是如何产生的？
3. 汽车隔音的功效是什么？
4. 如何选择汽车隔音材料？
5. 汽车隔音改装的工作内容是什么？
6. 什么样的车需要进行隔音改装？
7. 汽车隔音改装的操作步骤是什么？
8. 隔音的误区是什么？
9. 汽车隔音改装的注意事项是什么？

第八章
如何对汽车发动机进行护理

第27天 燃油供给系统的免拆清洗护理

学习目标

1. 了解燃油供给系统的免拆清洗护理所用清洗产品的作用
2. 掌握燃油供给系统的免拆清洗护理所用清洗产品的工作原理
3. 了解积炭的几种类型
4. 熟悉燃油供给系统的免拆清洗护理的手动清洗过程
5. 掌握燃油供给系统免拆清洗机的使用方法

一、燃油供给系统的免拆清洗护理所用清洗产品的作用与使用方法

汽车发动机燃油系统经过了长时间的使用,其油箱、油管、喷油嘴等处易积累一些胶质和沉积物,积炭很容易在火花塞、喷油嘴、燃烧室等处生成。这些现象对燃油的供给会产生一定的影响,也会影响混合气的正常燃烧,从而导致发动机出现一些状况,比如怠速不稳、加速不良,甚至出现爆燃等。因此,一定要给发动机燃油系统"洗洗澡"。

现代汽车发动机燃油系统的清洗可以使用专业设备及专用清洗剂,并在发动机不解体的情况下进行。因此,也称之为发动机的免拆清洗。

1. 燃油供给系统的免拆清洗护理所用清洗产品的作用

1)能有效溶解附着在零件表面上、由汽油离析出来的胶质或已形成的漆油膜,自动清除、溶解系统中的胶质、积炭、冷凝水分、酸性物质,并有效抑制这些有害物质的再生。

2)清除附着在喷油器中的积炭、黏性胶质,保持最佳的喷雾质量,最大限度地提高燃油的经济性,发挥发动机的有效功率,减少有害气体的排放。

3)将燃油室的积炭软化、剥落并形成粉状物随废气排出,保持燃烧室清洁,防止爆振、早燃等现象的发生。

4)能自动清理润滑喷油器、计量阀、滤清器、燃油泵、进气门、燃油管等部件,使这些部件处于清洁、良好的工作状态。

5)能中和酸性物质,吸收分解燃油中的冷凝水分,防止结冰,改善冷起动性能。

6)不伤害各传感器、催化转换器,对金属及橡胶制品无任何腐蚀作用。

2. 工作原理

1）采用燃油供给系统免拆清洗机清洗。燃油供给系统免拆清洗机能够清除燃油系统各部位的积炭。美容店普遍采用这种清洗方法。

其清洗原理是：清洗时将燃油系统清洁剂按一定的比例与燃油混合，制成同时具有燃烧和清洗作用的特种燃料，然后切断原车的供油管路，改用上述特种燃料向发动机供油，起动发动机并怠速运转，清洁剂随着燃油流动、燃烧。当特种燃料通过喷油器时，便同时完成了对喷油器针阀的清洗，同时还将燃油泵、油管、火花塞、燃烧室、活塞和进排气门等处的积炭、胶质和积垢软化、剥落、溶解并使其随废气排出缸外，从而达到清洁的目的。其特点是清除速度快。

在发动机燃油供给系统免拆清洗机清洗柴油机时，要更换滤芯。该清洗机所配的清洗剂是汽油机专用，切忌往车辆油箱内倒，避免严重损坏车辆。

发动机进气门积炭

不同发动机的燃油系统的布置形式和燃油管的安装位置也不一样，为了能与其连接，很多发动机燃油系统免拆清洗机配有各种接头，可连接不同类型的发动机。

当喷油器的清洗时间间隔很长时，形成的积炭会极其坚硬顽固，在短时间内，免拆清洗法难以彻底去除，这时就需要拆卸清洗。

2）采用燃油喷射系统清洁剂清除。如果动手清除，可以采用燃油喷射系统清洁剂清除。方法是将燃油喷射系统清洁剂按使用说明书的要求和比例直接加入汽油箱内。但它不像燃油系统积炭清洗机那样见效快，建议电喷系统发动机每隔 2000km 使用一次。

二、清洗方法

1. 手动清洗

下面以富康 1.4L 排气量的发动机为例向大家展示清理积炭的全过程。

下图中是发动机的缸盖部分：拆下后会发现发动机缸盖非常脏，气门也磨损严重，导致发动机功率下降，怠速不稳，爆燃，而且直接影响到了发动机的使用寿命。

汽车发动机依靠空气燃油混合气经过进气道进入燃烧室并燃烧后获取能量。在此过程中，会回油极少量汽油附着于节气门、进气道、气门和燃烧室上，久而久之就会形成胶炭物，即我们常说的"积炭"。轻微的积炭会引起发动机怠速不稳、抖动、起动困难等故障，严重的故障会导致发动机爆燃、熄火、无法起动等故障。广大车主在遇到怠速不稳、油门发粘等现象时，应当及时到维修站进行检查和清洗。

（1）积炭的几种类型

1.4富康发动机：TU3JP马力65匹

缸盖积炭过于严重，凸轮轴表面已经出现烧蚀

1）进气道积炭。由于整台发动机各个活塞的工作并不是同步的，当熄灭发动机时，有些气缸的进气门不能完全关闭，一些未燃烧的燃油不断蒸发氧化，会在进气管中，尤其是节气门后方

产生一些较软的黑色积炭。一方面，这些积炭会使进气管的管壁变粗糙，进气会在这些粗糙的地方产生旋涡，进而影响进气效果及混合气的质量。

2）进气管积炭。这些积炭还会阻塞怠速通道，使怠速控制装置停滞或超出其调节范围，这样一来会造成怠速低、怠速发抖、各种附属装置的提速均失灵、收油灭车、尾气超标、费油等现象。

3）气门积炭。受电喷发动机控制特点的影响，气缸每次工作的时候都是先喷油再点火，当我们熄灭发动机的一瞬间点火会被马上切断，但是这次工作循环所喷出的汽油却无法被回收，只能贴附在进气门和燃烧室壁上。汽油很容易挥发，但汽油中的蜡和胶质物却留了下来，长此以往，汽油中的蜡和胶质物越积越厚，反复受热后变硬就形成了积炭。如果发动机烧机油，或是加注的汽油质量低劣、杂质较多，那么气门积炭就会更严重且形成的速度也更快。由于积炭的结构类似海绵，当气门形成积炭以后，每次喷入气缸的燃油就会有一部分被吸附，使得真正进入气缸的混合气浓度变低，导致发动机工作不良，出现起动困难、怠速不稳、加速不良、急加油回火、尾气超标、油耗增多等异常现象。如果再严重，就会造成气门封闭不严，使某缸因没有缸压而彻底不工作，甚至会粘连气门使之不回位。此时，气门与活塞间就会产生运动干涉，最终就会损坏发动机。

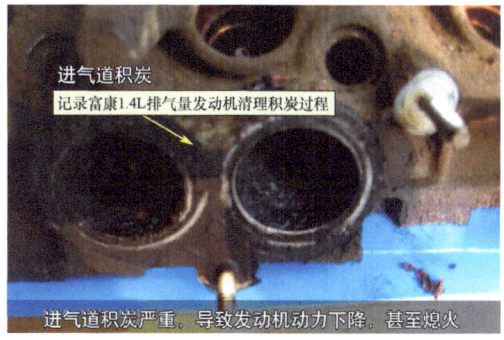

进气道积炭严重，导致发动机动力下降，甚至熄火

进气道积炭明显，导致怠速不稳或抖动

（2）如何清洗积炭　怠速时间长，发动机达到正常温度的时间也就会变长，汽油被喷到气门背面后蒸发的速度就会变慢，积炭也由此而产生。同时如果经常怠速行驶，进入发动机的空气流量就会变小，这样对积炭的冲刷作用就变得也很弱，会助长积炭的沉积。

多跑高速，其目的就是要利用气流对进气道的冲刷作用来预防产生积炭。另外，提高换挡的转速也与多跑高速有着异曲同工之妙，如把原来在转速2000r/min时换挡变成2500r/min时换挡，不但可以有效预防积炭的生成，还可以提高汽车的动力性，也避免了因换挡转速过低带来的爆燃，保护了发动机。

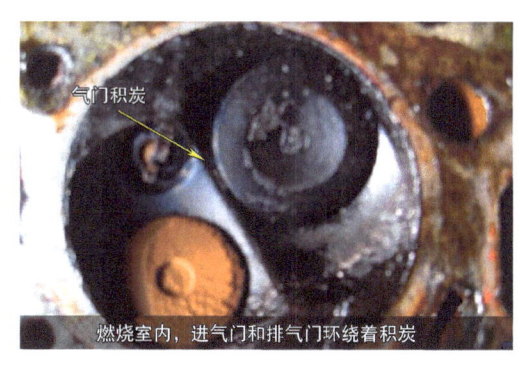

燃烧室内，进气门和排气门环绕着积炭

燃烧室积炭明显，最右侧燃烧室最为严重

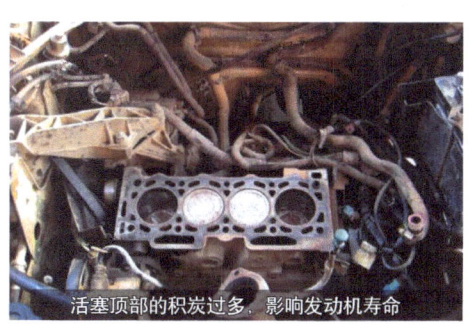

活塞顶部的积炭过多，影响发动机寿命

拆卸、检查部分告一段落，专业技师分析主要是车主经常低速行驶和不经常保养清洗导致的积炭过多。积炭一多，发动机就会怠速不稳、动力不足，不仅会损害发动机的部件，还会影响发动机的使用寿命。

如果说车的心脏是发动机的话，那么活塞便是汽车发动机的"心脏"。活塞承受交变的机械负荷和热负荷，是发动机中工作条件最恶劣的关键零部件之一。活塞的功用是承受气体压力，并通过活塞销传给连杆，驱使曲轴旋转，活塞顶部还是燃烧室的组成部分。

活塞是发动机的心脏，一定要清理干净

气缸垫是用来密封水套和缸套的。安装缸垫最容易发生的就是把缸垫装反，一旦装反，就会造成水套和缸套不密封，水套里的水就会进入缸套，缸套里面的气体也会进入到水套中。一方面，水会减少；另一方面，缸套里面的气体温度是很高的，当气体进入到水套中，会使冷却液温度升高。也正因为如此，如果气缸垫装反了，那么打开水箱盖，就会有大量的气泡冒出。

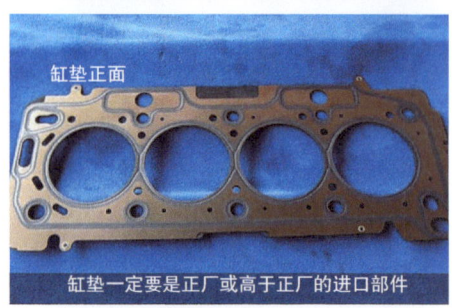
缸垫一定要是正厂或高于正厂的进口部件

由于受城市的路况、人们的生活节奏以及我国燃油市场条件等因素的影响，以上避免积炭产生的方法有可能不太容易实现。那么建议"有车族"在常规保养都满足的条件下，每行驶两万至 4 万 km 时做一下进气系统的免拆清洗，也就是在发动机不解体的前提下，用专用设备、专用方法对车辆的进气道、气门、油路等容易形成积炭的部位进行清积炭的操作。这样能有效减少积炭对发动机性能的影响，使汽车的"心脏"保持在最佳状态。

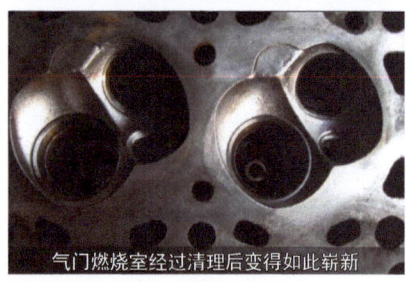
气门燃烧室经过清理后变得如此崭新

2. 燃油供给系统免拆清洗机清洗

燃油供给系统免拆清洗机能够把燃油系统各部位的积炭清除掉。清洗剂利用发动机本身的系统压力及循环网络来代替油料燃烧，进行清洗缸内的积炭，随后借排放系统排出，这就是燃油供给系统免拆清洗机的清洗原理。

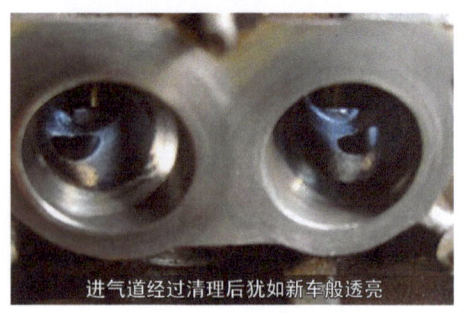
进气道经过清理后犹如新车般透亮

发动机燃油供给系统免拆清洗机清洗柴油机时要更换滤芯。该机所配的清洗剂是汽油机专用，切忌往车辆油箱内倒，避免严重损坏车辆。

不同发动机的燃油系统的布置形式和燃油管的安装位置不一样，为使其顺利连接，很多发动机燃油系统免拆清洗机都配有各种接头，以连接不同类型的发动机。

当喷油器清洗的时间间隔很长时，形成的积炭会极其坚硬顽固，在短时间内，免拆清洗法难以将其彻底去除，这时就需要拆卸清洗。

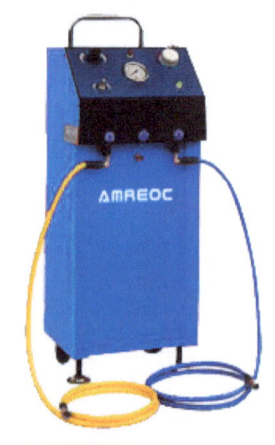
燃油供给系统免拆清洗机

你学会了吗？

1. 燃油供给系统的免拆清洗护理所用清洗产品的作用是什么？
2. 使用燃油供给系统的免拆清洗护理所用清洗产品的工作原理是什么？
3. 积炭的几种类型是什么？
4. 燃油供给系统的免拆清洗护理的手动清洗过程是怎样的？
5. 燃油供给系统免拆清洗机的使用方法是什么？

第 28 天　冷却系统的免拆清洗护理

学习目标

1. 了解冷却系统护理用品的种类
2. 熟悉冷却系统免拆洗清洗机的使用方法
3. 掌握散热器开锅的预防措施
4. 掌握散热器开锅的紧急处理措施
5. 熟悉冷却系统的止漏方法
6. 了解保护冷却系统的方法

一、冷却系统护理用品的种类

1. 清洗剂

散热器（又称水箱）清洗剂能有效地进行清除冷却系统中的油脂、胶质层以及散热器、缸套和管道中的水垢和锈蚀，恢复系统的冷却能力，因水垢过多引起的发动机过热和散热器开锅等故障时也能得以解决。

散热器清洗剂分为两种，分别是酸性散热器清洗剂和碱性散热器清洗剂。这两种清洗剂不会腐蚀散热器、软管、密封垫和铝制缸体，清洗后无需中和，在所有的水冷却系统中都能使用，并且能兼容所有种类的防冻液。

2. 保护剂

散热器保护剂对防冻液的防锈、防腐蚀功能有强化作用，能有效避免冷却系统金属部件的生锈和腐蚀；能中和酸性物质，避免系统部件被酸腐蚀，可以润滑水泵水封，使冷却系统的寿命延长；可以防止散热器、暖风散热器、缸体、水泵等部件的穴蚀和气蚀；并且能兼容所有种类的防冻冷却液。

3. 止漏剂

按照组成和物理形态的不同，可将散热器止漏剂分为三种类型：第一类是纯化学成分的液态止漏剂；第二类是纯化学成分的固态止漏剂；第三类是由特种植物纤维、高效固化剂、防蚀剂

散热器清洗剂

和防泡沫成分组成的液态止漏剂。

质量好的止漏剂能够快速在渗透部位聚集、固化，止住渗漏；对水垢的生成有抑制作用；对有害电离反应的产生有预防作用；能避免发动机过热和散热器开锅等故障的出现；能迅速制止冷却系统各部位的渗漏；对因气缸垫破损引起的防冻液渗漏有制止和预防的作用；并且能兼容所有种类的防冻液。

散热器保护剂　　　　　　　散热器止漏剂

二、冷却系统免拆清洗机

现代汽车特别是小客车的冷却系统中用冷却液替代水进行冷却，但是冷却液中也不同程度地含有碳酸钙、硫酸镁等盐类物质。在冷却系统长时间工作后，这些物质会从冷却液中析出，一部分形成沉淀物，另一部分沉积在冷却系统的内表面形成水垢。

在发动机冷却水套及散热器壁上形成的水垢影响其热交换过程。冷却系统内若沉积过多的水垢，会减少冷却水的容量，影响冷却水的循环。由于水垢层的导热性能很差，所以发动机容易出现过热现象，进而使发动机润滑条件恶化，运动部件表面不能形成良好的润滑油膜，也会使燃烧室内积炭增多，容易产生爆燃，造成功率下降、油耗增大。因此，当汽车行驶一段时间后，应及时对冷却系统进行清洗。

可利用发动机冷却系统免拆清洗机来清除水垢。发动机冷却系统免拆清洗机是清除水垢的专业设备，它利用气压产生脉冲，在清洗剂的作用下快速清除冷却系统内的水垢。

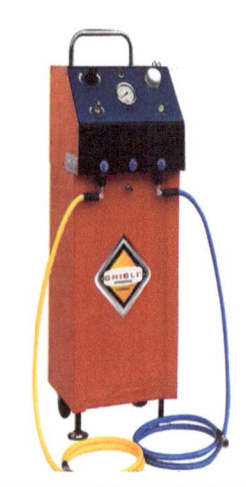

发动机冷却系统免拆清洗机

1. 发动机冷却系统免拆清洗机的工作参数

电压：220V；频率：60Hz；容量：5L；质量：16kg；冲洗方式：气压冲洗；加水方式：电动加水。

2. 操作步骤

1）把适用的三通接头在汽车冷却回路的水管上固定好。

2）把清洗机清洗液桶打开，添加清洗液。

3）把自来水管与清洗机入口相接。

4）出水管与车上三通接头相接。

5）把气压快速接头接上。

6）接通电源。

7）把三通电源转至冲水位置，然后将汽车散热器盖或储液罐打开。

8）打开自来水开关进水，水从散热器盖冒出即旋开调压器，此时，脉冲开始产生，30~60s后，把气源关掉，待到自来水补满后再开，到完全冲洗干净为止，水压为49~98Pa即可。

9）冲洗干净后，把自来水关掉，打开气源，冲出残留在管内的水，直到管内无水垢为止，然后把气源关掉。

10）把三通开关转至添加位置，将电源打开即开始加防冻液，防冻液从三通接头进入，等到防冻液从散热器冒出时，即可把电源关掉。

11）在完成工作后，要完全锁紧三通接头的固定盖，起动发动机检查散热水位。

三、散热器"开锅"的预防和紧急处理

1. 对"散热器开锅"的预防

1）对防冻液要进行定期的检查，发现液位降低后应及时予以补充，切勿用自来水代替防冻液，因为防冻液的沸点通常都在130℃以上，而水的沸点是100℃。

2）检查节温器的工作状态是否良好，如果不能按设计要求将节温器及时打开，一定要立刻更换新配件。若来不及更换新配件，可临时将节温器拆除，安装在车辆上使用的节温器决不能出现故障。

3）行车过程中应密切关注冷却液温度表的情况，正常水温通常在90℃左右，如果水温达到仪表红线位置时电子扇没有按时起动，此时一定要马上停车降温并对电子扇进行检查，查看是否卡滞或烧毁，将故障排除后再上路行驶，防止水管或水箱出现胀裂。

2. 散热器开锅后的紧急处理

车辆在行驶过程中"开锅"之后，应先将车辆移动到安全的地方。由于"开锅"，散热器内的液体会出现沸腾，其内部有相当高的压力，如果此刻将补水壶打开，就会向外喷出冷却液，极易使人员出现危险，造成烫伤的后果。遇到这种情况车主要沉着应对，可先打开车辆发动机盖，等发动机冷却0.5h以后，再用湿毛巾将补水壶（水箱盖位置）罩住。先将补水壶加水盖拧开很小的角度，把水蒸气放出来，过一会儿后再全部打开，以避免冷却液喷出烫伤自己。对液面高度进行观察，如果车内没有多余的防冻液时可以应急地加一些水。开到维修地点后必须要立即更换防冻液。

四、冷却系统的止漏

通常在冷却系统发生渗漏时进行冷却系统的止漏，也可六个月进行一次。

1）起动发动机并预热至正常工作温度，打开暖风装置。

2）关闭发动机，打开散热器盖，将堵漏剂摇匀，将其依照说明书要求的比例倒入散热器中，拧好散热器盖。

3）起动发动机3~5min后即可见效。

五、冷却系统的保护

如果汽车发动机冷却系统的维修率特别频繁，通常会损坏发动机的其他构件，特别是冷却系

统的工作效率会随着车辆行驶路程的增加而逐渐下降，这会在很大程度上影响发动机的整体工作能力。那么，如何对冷却系统进行保养呢？冷却系统的冷却液就是水，不过不是什么水都可以随便加进去，档次越高的车对水质的要求也会越高。有位车主见野外泉水很干净清澈，就加满了水。其后果可想而知，发动机被烧坏了。车主需要了解，泉水中含有大量矿物质，由此会有大量的水垢产生。所以，水质好坏显得至关重要。气缸水套与发动机燃烧室周围的水道相当，当发动机散发大量热量时，充满水的管道能起到降温的作用。发动机中的水和油有泾渭分明的管道。

你学会了吗？

1. 冷却护理用品的种类有哪些？
2. 如何使用冷却系统免拆洗清洗机？
3. 散热器"开锅"的预防措施是什么？
4. 怎样紧急处理散热器的"开锅"现象？
5. 冷却系统的止漏措施是什么？
6. 如何对冷却系统进行保护？

第29天　润滑系统的免拆清洗护理

学习目标

1. 了解如何选购机油
2. 熟悉检查机油的方法
3. 掌握如何定期更换机油
4. 掌握发动机润滑系统的清洗过程
5. 熟悉清洗发动机润滑系统的注意事项

一、机油的检查

汽车现在已经被普遍使用，为我们的日常出行提供了极大的方便，但它每天都要面对各种各样路面的考验，因此要从日常做起对汽车进行护理保养。而车主对于汽车的护理不仅可使车辆的使用寿命得以延长，更体现出其热爱汽车的生活态度。对汽车进行日常检查的重要的工作之一就是对发动机机油的检查，其实就检查这些机油来说，您完全能够自己来完成任务。以下为关于机油的一些护理知识。

机油关系到发动机的保养和使用寿命，而且作用十分重要。它能使发动机的温度降低、保持发动机的干净卫生扩散污染物、确保发动机正常运行、润滑发动机、使磨损降低。如今很多车主都已意识到，机油是如此重要，但对选择机油的知识却了解得很少。

1. 怎样选用机油

首先，在选择与之相对应的机油产品时，要依照汽车制造商推荐使用的机油的等级；其次，新车和大修之后的发动机应使用的机油其黏度应较低，特别是对于刚大修完的车辆，在磨合期内，使用的机油千万不能黏度过高。如果车辆因行驶里程过多或年头过长,而出现发动机润滑不良时,应加入黏度较高的机油。

2. 如何检查机油

必须将汽车停放在平坦的路面上来检查机油的容量,应将发动机停止运转至少 10min 以上才能检查。拔出机油标尺,为了确保准确的测量,标尺上的机油应先用棉布擦拭干净,然后再在油底壳内插上机油标尺,此时再次缓慢地拔出标尺,对机油标尺上沾附的油迹进行检查。机油液位若在正常范围之内,油迹应位于 FULL(最高)和 LOW(最低)的标记之间。

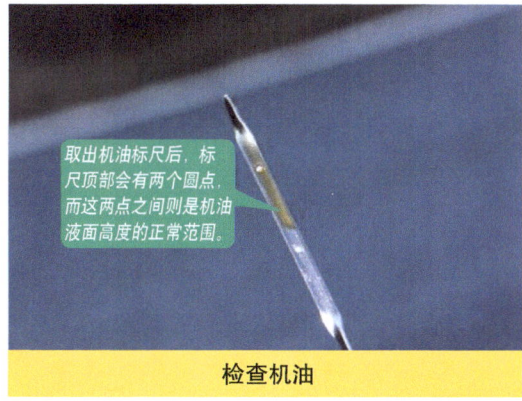

取出机油标尺后,标尺顶部会有两个圆点,而这两点之间则是机油液面高度的正常范围。

检查机油

二、机油的定期更换

机油储存在油池内,当发动机运转时,带动机油泵,将机油从油池中抽出;经过机油滤清器,再经机油管道送到各需要润滑的机件处,如曲轴、凸轮轴、摇臂等,最后机油流回油池,如此往复流动、不断工作。就发动机而言,机油起着润滑、清洁、降温、密封等功能。所以说,不管什么车型的车主,都必须要按照说明书规定的里程更换机油。

(1)提前准备 汽车驶入操作间后,发动机应在运转后停机几分钟,为的是使油道中的机油回流至油底壳,回流的同时,机油中的金属碎屑,也会沉淀到油底壳底部,最底端的放油螺栓是带有磁性的,能够把沉淀下来的金属碎屑吸附在上面。然后把机油标尺拔出,为的是使润滑系统不再保持压力,放油才能放得出来,接着就是把车升起来,拧开放油螺栓放油,必须等到机油不再滴了,才能把放油螺栓拧回去,而且拧之前必须把油污擦拭干净。

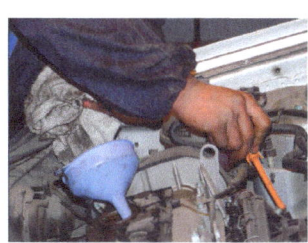 

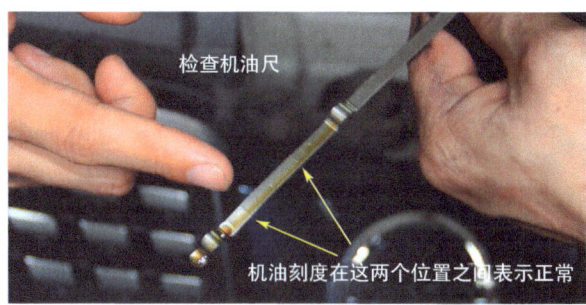

检查机油尺

机油刻度在这两个位置之间表示正常

(2)选择油品 车辆用户手册会建议在正常行驶条件下应使用的油品级别以及更换一次油品可以行驶的里程数(最大消耗间隔)。但如果你在严苛的状况下行驶,诸如极端温度、经常短途行驶,停停开开或牵引、拖拉,这些情况会给发动机带来额外压力,需要更频繁地换油。一般的驾驶人对这种情况没有意识,但他们行驶中大多数都是这种情况,这就是大多数机修师都会根据制造商建议的"严苛"驾驶条件下的较短换油时间来换油的原因。单凭经验而论,每 3000km 或每三个月（按较早的）就应更换机油和机油滤芯。这样做可以更好地保护发动机，从而延长发动机的寿命。

（3）排出废油　找到位于车辆底部的排油塞，（在发动机油箱或油底壳的后部）。请不要误将传动液的排放塞松开（它通常位于更后面一点的地方）。将排放桶放置在排油塞下面，并稍微向后放。使用扳手，沿逆时针方向转动塞子直到其能轻松旋转，然后用手拧开塞子。这时候，你需要小心里面的机油，因为它会快速流下来并有可能很烫。<u>不要把塞子丢在盘子里，但如果这样做了，也不要紧。排放完毕后，擦净放油螺塞。再装上放油螺塞，按要求拧紧</u>（拧紧力矩：30N·m）。

1）取下放油螺塞，准备排放旧机油。
2）取下机油螺栓，排放发动机机油。
3）排出的废油。

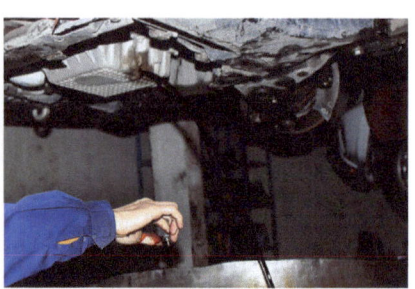

（4）取下机油滤芯　接下来用滤芯扳手逆时针方向旋松机油滤芯，机油滤芯有可能是温的。然后用手把机油滤芯拿下来，注意不要碰到热的排气集管。机油滤芯中可能充满了机油，感觉有点重，所以应当小心取下并远离发动机，再把油倒在排放桶里。

1）用机油滤清器扳手拧松机油滤清器。
2）拆卸旧的机油滤清器。

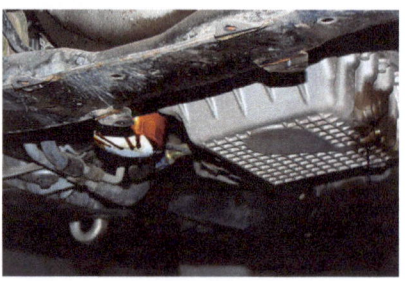

3）清洁与机油滤清器密封圈相接触的滤座密封面——请确保清理干净。

（5）更换机油滤芯　用抹布擦拭发动机上滤芯的底盘。然后拿一个新的机油滤芯，用手在垫圈（滤芯的圆形边缘）上涂抹一层油膜（新油或废油）。这层油膜可作为密封剂。小心地将新的机油滤芯放入，根据螺纹顺时针旋转。一旦螺纹对准了，滤芯很容易就装上去了。用手将滤芯拧紧，<u>但要注意不要拧得太紧。清洁油塞和排放装置，然后将油塞装回原处。先用手旋转油塞，再用</u>

扳手固定。同前面一样，也不要拧得太紧。

1）在新的机油滤清器密封圈表面上涂抹一层机油，然后拧紧。

2）用手把新的机油滤清器拧在机油滤清器支座上，直到滤清器密封圈与安装表面接触，再用机油滤清器扳手将其拧紧。为了恰当地拧紧机油滤清器，**应注意识别滤清器密封圈与安装表面初始接触的精确位置。**

3）拧紧滤清器。

与安装表面接触后，用机油滤清器扳手再把滤清器拧紧3/4圈（拧紧力矩：15N·m）。擦干安装好的机油滤清器，以便稍后测试其是否漏油。起动发动机，看密封面处是否有漏油现象，如有，请停机后进一步拧紧机油滤清器。重复上一步直至不漏油为止。

（6）加入新的机油　在发动机的上方，你会看到有"油"字样的盖子。打开盖子注入一定量的机油，检查量油计确定是否已经装满。然后盖上盖子，擦去溢出的油。发动机发动时油灯应当消失。起动发动机几分钟，然后关闭，再次检查量油计，确定油量是否合适。注入新的发动机润滑油，每注入2L后应用机油尺测量油面高度。

注入新的发动机润滑油

（7）检查是否漏油　加入新的机油过后，最为重要的就是检查其是否漏油。这样，整个的换机油工作就大功告成了。最后就是要提醒广大车主，换好油后请务必记录下仪表板上的里程数和每次换油的日期，这样就可以很清楚地知道下次该什么时候换油了。同样，如果你决定以后卖掉爱车，定期更换油品的证明还可以提高其转手价格。

1）确定注入适量的机油后，将机油盖安装好。让发动机运转10min后将其关闭。再次确定注入适量的机油后，拧紧机油帽。

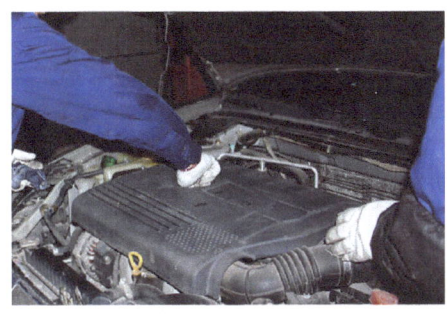

2）用机油尺检查机油油量，如果油面下降，则需再注入一些机油。应反复测量机油油面，直到达到最大位置，但是千万不要超过最大位置。

擦净油渍，将发动机上沾染的所有油渍擦净，并检查是否有机油从排油塞中漏出。

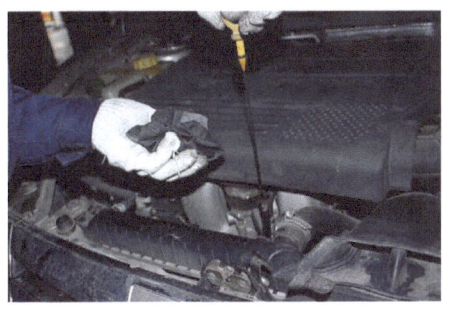

三、发动机润滑系统清洗

1. 清洗过程

清洁护理发动机时，发动机润滑系统内的油泥、积炭等沉积物能被发动机润滑系统免拆清洗机溶解并清理干净，应防止机油在高温下氧化稠化，使发动机的品质得到改善，并延长发动机的使用寿命，使作业效率提高。

发动机润滑系统免拆清洗机的清洗步骤如下：先把机油滤清器拆除，再把油底壳的放油螺塞拧下，把旧油放掉；将清洗机的进油管与机油滤清器的主油道相接，回油管接到放油螺孔中，接入压缩空气，起动发动机润滑系统免拆清洗机，并保持怠速运转；遵循使用说明书的规定调整清洁油液的压力，清洗液会在汽车润滑油道内冲洗循环，使发动机的油泥、积炭逐渐溶解，循环清洗至油底壳；本系统的回油管将清洗液真空抽出，经由清洗机的极细滤芯过滤，除去油泥、金属屑、微粒等。整个清洗循环过程全部由计算机来控制。

结束清洗后，要更换新的机油滤清器，发动机按规定加入新机油后即可投入正常工作。

2. 注意事项

1）有些清洗剂仅有清洗功能而不具有抗磨功能，在发动机润滑系统中使用这类清洗剂清洗的时间较短（通常为3~5min）。

2）有些清洗剂同时具有清洗功能和保护功能，通常在发动机润滑系统中使用这类发动机清洗剂清洗的时间较长（20~30min）；若车辆的污垢较多，可以重复使用发动机清洗剂或适当延长清洗时间。

3）如果很少定期清洗发动机润滑系统，而且还比较脏，清洗掉的脏物就非常容易在机油滤清器内沉积并造成堵塞，要对机油压力表或机油灯进行观察，若出现机油压力下降或机油灯闪亮的情况，要马上关闭发动机，对清理机过滤器进行查看后再继续清洗。

你学会了吗？

1. 机油如何选购？
2. 机油的检查方法是什么？
3. 如何进行机油的定期更换？
4. 发动机润滑系统的清洗过程如何？
5. 清洗发动机润滑系统的注意事项有哪些？

第九章
车内空气如何净化

第30天 车内污染的来源、危害与消毒

学习目标

1. 了解汽车车内污染的种类
2. 了解汽车车内污染物的来源
3. 熟悉车内主要污染物的危害
4. 了解何谓臭氧
5. 熟悉臭氧杀菌的优点
6. 了解臭氧杀菌的方式
7. 掌握臭氧杀菌的注意事项
8. 了解负离子的概念和作用
9. 掌握负离子消毒的特点
10. 了解光触媒的概念和特点
11. 熟悉光催化的功能
12. 了解高温蒸气消毒的概念
13. 掌握高温消毒的步骤

一、车内污染的种类

材料、外界污染物以及自身污染物排放为车内污染物的主要来源。

汽车车内受到污染的原因有很多，包括零部件、装饰材料以及汽车自身污染物排放等原因。**其污染物大体上可分为三类：物理污染、化学污染和生物污染。**

1. 物理污染

由于光照、电磁辐射、振动、噪声和温度、湿度等物理因素会使人体出现不适的症状，这些都属于物理污染。

2. 化学污染

化学污染也有很多种，其中包括：碳氢化合物、有机卤化物、有机硫化物、羰基化合物、有机酸和有机过氧化物等有机挥发物。其中对人体健康能产生最大危害的是游离甲醛、苯、甲苯、二甲苯、TDI（甲苯二异氰酸酯）、胺、烟气烟碱等，在日常生活中要远离这些物质。

3. 生物污染

微生物污染是就是所指的车内生物污染，包括各种致病菌等。

二、车内主要污染物的危害

在驾车行驶中，驾驶人可能会出现一些不适症状，比如，头晕、恶心、困倦、咳喘、打喷嚏等，这有可能是由车内释放的有害物质造成的。而对于一些危险物质，比如甲醛、氨、苯、二甲苯和其他挥发性有机物等，会对人体的健康造成一定的损害，除可引起急性刺激效应外，人若长期接触这些高浓度的有害物质，还可破坏人体的免疫功能，使呼吸系统、肝、肾及造血器官受到损伤，更严重的是可能会因此而诱发癌变。

苯、甲苯、二甲苯、甲醛和TVOC（总挥发性有机物）等是现在评价车内空气质量的主要指标。甲苯易挥发，无色且透明，被人体吸收的主要途径是通过呼吸道，通过皮肤也可吸收少量的甲苯。当这些物质的浓度达到一定程度时就会引起身体的不适，出现眩晕、头晕眼花、难以保持平衡并伴有头痛的症状，严重威胁驾驶人的行车安全。苯和二甲苯可使人产生麻醉的状态，从而损坏造血器官并会扰乱神经系统。人的呼吸系统也会被甲醛所伤。TVOC为有害物质，主要包括甲醛、苯、甲苯、乙苯等数十种，能对中枢神经系统功能产生一定的影响，从而使人出现一些不适反应，比如头晕、头痛、嗜睡等，甚至会对肝脏和造血系统造成损伤。

三、臭氧消毒的步骤与方法

1. 臭氧的基础知识

臭氧具有很强的氧化性和杀菌效果，是一种广谱的杀菌剂，可杀灭细菌繁殖体和芽孢、病毒、真菌等，并可破坏肉毒杆菌毒素。臭氧在水中的杀菌率比氯气强3000倍。同时，臭氧也有除臭的功能，以臭氧的强氧化性为原理，可氧化空气中的有机物，以达到净化空气的目的。人们在雨后感到空气很清新，主要就是因为空气中含有一定量臭氧的原因。

2. 臭氧杀菌的优点

臭氧灭菌为溶菌级方法，有彻底的杀菌效果，且杀菌范围广无残留，像细菌繁殖体和芽孢、病毒、真菌等都可被其杀灭，也对肉毒杆菌毒素具有一定的杀伤力。另外，臭氧对真菌的灭菌效果也非常强。臭氧是一种环保的消毒剂，对环境无污染，因为臭氧有较差的稳定性，使其快速自行分解为氧气或单个氧原子，此时，单个氧原子会自行结合成氧分子，没有任何有毒残留物产生。

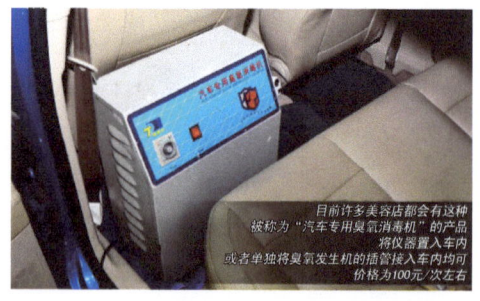

目前许多美容店都会有这种被称为"汽车专用臭氧消毒机"的产品，将仪器置入车内或者单独将臭氧发生机的插管接入车内均可。价格为100元/次左右

臭氧为气体，能快速渗透到空间的每一个角落，灭菌时不会有顾虑出现死角。而无论是紫外线，还是化学熏蒸法等这些传统的灭菌消毒方法，都会或多或少存在一些缺点，比如，消毒不彻底、费时费力、有残留污染或有异味等，有些还可能对人体的健康构成威胁。若消毒时使用紫外线，可能会出现一些死角，使消毒不彻底，且穿透力

放入臭氧发生器之后一定要关闭车门，这样可以达到车内消毒的目的，此时还可将空调开到内循环模式

弱、难以保证较长的使用寿命。化学熏蒸法也有其自身的缺点，比如无法有效地杀灭抗药性很强的细菌和病毒。相比之下，使用臭氧消毒会更具优势。

3. 臭氧杀菌的方式

臭氧具有很强的氧化性，灭菌过程属生物化学氧化反应。用臭氧进行灭菌时主要有以下三种方式：

1）细菌内部葡萄糖所需的酶能被臭氧氧化分解，从而使细菌灭活以致死亡。

2）与细菌、病毒直接发生作用，进而让它们的细胞器、DNA和RNA受到损害，破坏细菌的新陈代谢，最后导致细菌死亡。

3）通过细胞膜组织侵入细胞内，在外膜的脂蛋白和内部的脂多糖中产生作用，导致细菌发生通透性畸变而溶解死亡。

4. 臭氧空气消毒的注意事项

（1）对人体健康的损害　臭氧具有特殊的臭味，可刺激人体的呼吸道黏膜。当开始嗅出臭氧气味时，此时空气中的臭氧浓度可达1mg/L；若人体出现一些不适症状，比如脉搏加速、疲倦、头痛，那此时的臭氧浓度可达2.5~5mg/L，人若停留在此地1h以上，可发生肺气肿，以致死亡。所以使用臭氧进行消毒时，必须确定消毒场所内没有人，消毒完成后至少过30min才能进入。

（2）防止损坏物品　臭氧为强氧化剂，具有很强的氧化性，对很多物品都会造成一定程度的损坏，其浓度越高后果会越严重，若腐蚀了铜片，会使其出现绿色锈斑，也可使织物漂白褪色等。

四、车室负离子消毒

1. 负离子的概念

现在所说的负离子大多是指空气负离子，因为空气中的负氧离子是主要的负离子，所以通常是指负氧离子。氧离子获得一个或多个电子，且带负电，就成为了负氧离子。

负氧离子已被大量应用于商业宣传上，因其对人体有着非常全面的疗养保健功能，所以，出现了一些负离子健康空调、负离子吹风机、负离子电风扇等。但由于技术原因有限，导致这些产品释放的负氧离子粒径较大、剂量较少，显得有些华而不实。

2. 负离子的作用

（1）对神经系统的影响　负离子能加强大脑皮层的功能及脑力活动，使人精神饱满，提升工作效率，并且能改善睡眠质量。负离子还可提高脑组织的氧化过程力度，以便脑组织获得更充分的氧。

（2）对心血管系统的影响　经研究发现，负离子很明显的一个作用就是扩张血管，可使动脉血管痉挛的症状消失，从而使血压得以降低。负离子的另一优点是可使心脏功能和心肌营养得到改善，对高血压和心脑血管疾患病人来说，可帮助其早日恢复健康。

（3）对血液系统的影响　经过实践证明，负离子可降低血液的流动速度、使凝血时间得以延长，增加血液中的含氧量，对血氧输送、吸收和利用有良好的作用。当负离子进入血液时，还能提高红细胞和血钙的含量,使白细胞、血钾和血糖下降,疲劳肌肉中乳酸的含量也会减少。

(4) 对呼吸系统的影响最明显　负离子对呼吸系统的影响尤为明显,因为负离子进入人体的途径是通过呼吸道完成的,它可以使人的肺活量得到提高。当负离子进入呼吸道时,能加快上皮纤毛的运动,对呼吸道内的感受器产生刺激从而传导到大脑皮层,然后通过反射作用于人体;当负离子进入血液后,能放出电荷并对血细胞和蛋白质产生作用。根据以往的实践经验,从玻璃面罩中吸入空气负离子30min,肺部吸收的氧气量能提高2%,且可增加14.5%的二氧化碳排放量,故负离子对改善和增加肺功能有着良好的作用。

3. 汽车负离子消毒的特点

汽车负离子消毒的作用较广泛,对细菌和病毒的生长都有抑制作用,且能消除空气异味、净化空气,大体上是通过购买车载氧吧释放离子来进行空气净化,这也是经常使用的一种清新车内空气的方法,但严格来讲,它只能是一种空气清新和净化方式,不能算真正意义上的空气杀毒方法,其优点是操作简便,基本无需车主动手;但也有明显的缺点,如空气净化过程缓慢、难以彻底杀灭病毒、对空气中原有污染物质的消除不起作用。

五、车室光触媒消毒

光触媒,通俗地讲是"光+触媒(催化剂)"的合成词,是一类具有光催化功能的半导体材料的总称,其中以二氧化钛(TiO_2)为代表。二氧化钛本身无毒无害,是光触媒的主要成分。

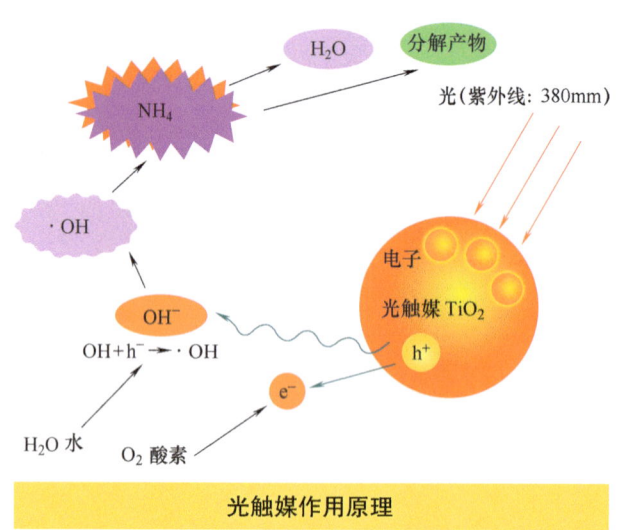

光触媒作用原理

换句话说,光触媒即为光催化剂,可降低化学反应所需的能量,加快化学反应的速度,但其自身不会因化学反应而发生改变的物质,这就是催化剂。光触媒利用的催化剂为二氧化钛,化学反应的能量来源为光的能量,可使氧化还原反应的速度加快,从而使吸附在表面的氧气及水分子被激发成活性极强的氢氧自由基及超氧负离子。这些自由基的氧化性极强,几乎可全部降解对人体或环境构成伤害的有机物质及部分无机物质,并能迅速降解其成为稳定且无害的物质(水、二氧化碳),从而实现清新空气和杀菌的目的。

光触媒是一种光催化剂,主要成分是纳米级二氧化钛粒子,它借助光源的照射从而产生氢氧自由基,其拥有极强的氧化能力,在接触四周的有害气体、污染物、细菌后,可发生氧化还原反应,对杀灭细菌具有良好的效果,且能消除各种有害气体,同时能使有害物转化为无污染的水和二氧化碳,从而实现清新空气、美化环境的功效。光触媒加快化学反应的速度,但其自身不会因化学反应而发生改变，所以其拥有可达十年以上的持续使用时间。

据权威机构检测，光触媒可有99.9%的杀菌效果，对甲醛、苯、氨、TVOC等有害气体的消除率可达到90%以上，其优异的环保能力及使用的简便性是其他所有传统消毒方法如臭氧、等离子、活性炭等，都自叹不如的，光触媒的空气净化能力是高纤维活性炭的150倍。光触媒具有的防霉、亲水效果也很强大，包装食品借助"光触媒"处理，对抑制霉变有明显的效果，10天以后仍能呈现出新鲜的状态。另外，"光触媒"具有超亲水的特性，能保证污垢不易附着，使施工后的外观能维持长久的清洁。经过实践证明，70棵白桦树的空气净化能力与喷涂$1000m^2$光触媒的效果是一样的，在有光触媒的世界里生活，就如同接触着清新健康的大自然，干净宜人。

1. 光催化反应机理

当担载在某一材料上面的光触媒被一定能级的光（紫外光）照射时，如果其能级比该光触媒的能量参数大，就会激发产生电子飞跃从而形成空穴，其拥有很强的氧化性，又被称为氢氧自由基，能把空气或水中的有毒有害有机物无选择性地彻底降解为二氧化碳和水，同时杀灭细菌。

2. 光催化的功能

1）将空气或水中的有毒有害有机物无选择性地彻底降解为二氧化碳和水，同时灭活细菌。

2）杀菌的速度快且彻底，同时也能彻底分解对一般消毒剂有抗性的病毒微生物。在此指的彻底杀菌，是由于细菌本身是蛋白质，是可完全氧化成水和二氧化碳的。

3）能氧化消除各种臭味物质，从而迅速去除异味。

4）光触媒涂膜由于含有羟基较多，其具有的亲水性也非常高。因为有机物为污染物的粘结力的来源，所以能牢固地在物体表面上黏附。而光催化可无选择性地使有机物降解，所以能对其粘结力形成有效的破坏。污染物失去粘结力就将无法在物体表面上黏附。

5）吸收紫外线好的光触媒对紫外线的吸收效果会非常明显。

6）防静电功能光触媒属于半导体材料，其具有良好的防静电和抗辐射功能都有较好的表现。

3. 光触媒除味消毒方法

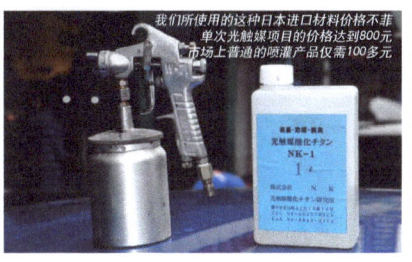

六、车室高温蒸汽消毒

1. 高温蒸汽消毒的概念

高温蒸汽消毒又被业内俗称为"高温桑拿"，本质上就是通过高温蒸汽使车内的织物纤维组织和皮革组织扩张从而排出污物，同时掺入除菌剂之后通过高温使之汽化，也可以同时起到车内消毒的作用。

2. 高温消毒的步骤

1）由于高温消毒会产生大量的水蒸气，因此在做这个项目之前，务必要取出车内所有的附加电子产品及食品、饮料等。在开始之前，工人会帮忙在车内垫上毛巾防止蒸汽产生的污水流下后弄脏车内地板。

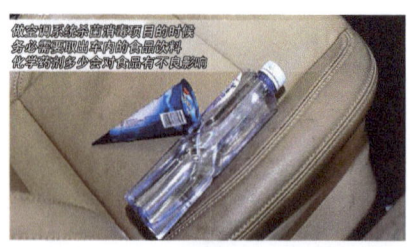

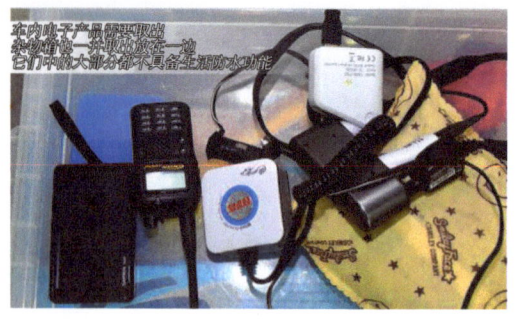

2）在做车内高温消毒的同时，有些消费者可能会根据自身洗好选择添加不同香型的香水，但是我们并不提倡大家这么做，因为这个项目完全在高温状态下进行，别说是劣质车用香水，哪怕是正规的香水产品都可能会因此而产生化学变化，对车内造成二次污染。

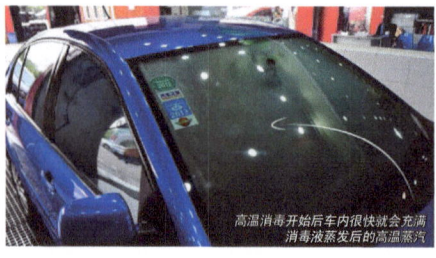

3）车内高温消毒的时间长短是非常讲究的，时间短了杀菌、除污垢的效果有限，时间长了水蒸气过多可能会影响车内的电子元器件，造成安全隐患，所以专家的建议是最好不要超过30min。在消毒过程完成后，要用干毛巾将车内的各个角落都擦拭一遍，将附在表面的污垢擦去，细致的工人还会用刮板替车主将车内的玻璃处理干净。

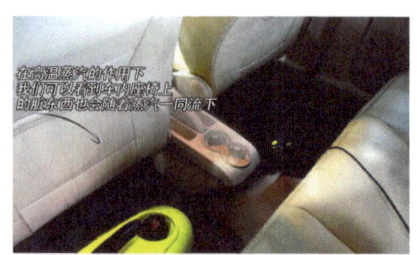

4）通过高温消毒杀菌之后，最明显的效果就是车内环境变好了，不仅各角落干净了不少，而且之前的异味等都因为高温蒸汽的长久作用而消失了，这些都是能够很直观地感受到的区别，单次车内高温消毒的价格为200元左右。

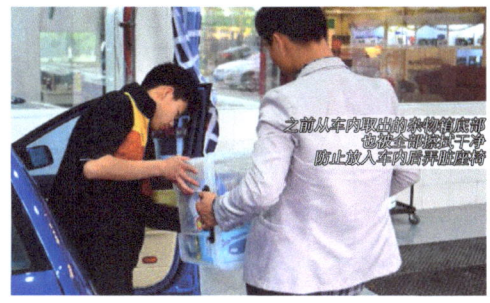

你学会了吗？

1. 汽车车内污染的种类有哪些？
2. 汽车车内污染物从何而来？
3. 车内主要污染物的危害是什么？
4. 何谓臭氧？
5. 臭氧杀菌的优点是什么？
6. 臭氧杀菌的方式是什么？
7. 臭氧杀菌的注意事项是什么？
8. 什么是负离子？负离子的作用是什么？
9. 负离子消毒的特点是什么？
10. 什么是光触媒？光触媒的特点是什么？
11. 光催化的功能是什么？
12. 什么是高温蒸汽消毒？
13. 高温消毒的步骤有哪些？

参考文献

[1] 李娜, 陈辉. 教你成为一流汽车美容师 [M]. 北京: 化学工业出版社, 2011.
[2] 邢忠义. 汽车美容与装饰实务 [M] 2版. 北京: 电子工业出版社, 2009.
[3] 李永力. 汽车美容装饰培训教程 [M]. 北京: 化学工业出版社, 2007.
[4] 宋年秀, 曲金玉. 汽车装饰与车身修复技术 [M]. 北京: 北京理工大学出版社, 2007.
[5] 宋孟辉, 孙涛. 汽车美容与装饰 [M]. 北京: 机械工业出版社, 2010.
[6] 关志伟. 汽车装饰与美容 [M]. 北京: 人民交通出版社, 2009.
[7] 李娜, 宁平. 车主养车必知1000招 [M]. 北京: 机械工业出版社, 2012.
[8] 陆刚, 肖燕. 汽车的美容养护与装饰实例解读 [M]. 北京: 人民邮电出版社, 2006.
[9] 王玉东. 汽车美容与装饰技术培训教程 [M]. 北京: 国防工业出版社, 2006.
[10] 张德金. 汽车装饰美容实用手册 [M]. 北京: 机械工业出版社, 2005.
[11] 杨江河. 汽车美容 [M]. 北京: 机械工业出版社, 2001.
[12] 吴兴敏. 汽车车身修复与美容 [M]. 北京: 机械工业出版社, 2006.
[13] 沈广三, 等. 汽车美容实务 [M]. 北京: 人民交通出版社, 2005.
[14] 甘文嘉. 现代汽车美容与装潢 [M]. 上海: 上海交通大学出版社, 2004.
[15] 于福清. 跟我学汽车美容 [M]. 北京: 电子工业出版社, 2004.
[16] 周燕, 罗小青. 汽车美容与装饰 [M]. 北京: 机械工业出版社, 2005.
[17] 徐华东. 汽车喷涂与装饰工艺 [M]. 北京: 人民交通出版社, 2002.
[18] 姚雷刚. 汽车美容与装饰 [M]. 延吉: 延边人民出版社, 2004.
[19] 马勇智, 吴晋裕. 汽车美容 [M]. 北京: 人民交通出版社, 2003.
[20] 深圳市彩虹精细化工股份有限公司 [M]. 汽车美容养护一本通 [M]. 深圳: 海天出版社, 2008.
[21] 阎文兵, 姜绍忠. 汽车美容与装饰 [M]. 北京: 北京理工大学出版社, 2007.